国家自然科学基金项目成果·管理科学文库

Input-output Analysis of Chinese Energy/CO_2 Emissions and Their Drivers

中国能源消费、碳排放投入–产出分析及影响因素研究

闫俊娜 著

中国财经出版传媒集团

经济科学出版社

Economic Science Press

·北 京·

图书在版编目（CIP）数据

中国能源消费、碳排放投入－产出分析及影响因素研究/闫俊娜著 . －－北京：经济科学出版社，2023.9

（管理科学文库）

国家自然科学基金项目成果

ISBN 978－7－5218－4937－0

Ⅰ.①中⋯　Ⅱ.①闫⋯　Ⅲ.①能源消费－研究－中国②二氧化碳－排气－投入产出分析－中国　Ⅳ.①F426.2②X511

中国国家版本馆 CIP 数据核字（2023）第 129229 号

责任编辑：胡成洁
责任校对：王苗苗
责任印制：范　艳

中国能源消费、碳排放投入－产出分析及影响因素研究

闫俊娜　著

经济科学出版社出版、发行　新华书店经销

社址：北京市海淀区阜成路甲 28 号　邮编：100142

经管中心电话：010－88191335　发行部电话：010－88191522

网址：www.esp.com.cn

电子邮箱：expcxy@126.com

天猫网店：经济科学出版社旗舰店

网址：http://jjkxcbs.tmall.com

北京季蜂印刷有限公司印装

710×1000　16 开　11.75 印张　210000 字

2023 年 9 月第 1 版　2023 年 9 月第 1 次印刷

ISBN 978－7－5218－4937－0　定价：65.00 元

（图书出现印装问题，本社负责调换。电话：010－88191545）

（版权所有　侵权必究　打击盗版　举报热线：010－88191661

QQ：2242791300　营销中心电话：010－88191537

电子邮箱：dbts@esp.com.cn）

国家自然科学基金项目成果·管理科学文库
出版说明

经济科学出版社自 1983 年建社以来一直重视集纳国内外优秀学术成果予以出版。诞生于改革开放发轫时期的经济科学出版社，天然地与改革开放脉搏相通，天然地具有密切关注经济、管理领域前沿成果、倾心展示学界翘楚深刻思想的基因。

改革开放 40 年来，我国不仅在经济建设领域取得了举世瞩目的成就，而且在科研领域也有了长足发展。国家社会科学基金和国家自然科学基金的资助无疑在各学科的基础研究与纵深研究方面发挥了重要作用。

为体系化地展示国家社会科学基金项目取得的成果，在 2018 年改革开放 40 周年之际，我们推出了"国家社科基金项目成果经管文库"，已经并将继续组织相关成果纳入，希望各成果相得益彰，既服务于学科成果的积累传承，又服务于研究者的研读查考。

国家自然科学基金在聚焦基础研究的同时，重视学科的交叉融通，强化知识与应用的融合，"管理科学部"的成果亦体现了相应特点。从 2019 年开始，我们推出"国家自然科学基金项目成果·管理科学文库"，一来向躬耕于管理科学及相关交叉学科的专家致敬，二来完成我们"尽可能全面展示我国管理学前沿成果"的夙愿。

本文库中的图书将陆续与读者见面，欢迎国家自然科学基金管理科学部的项目成果在此文库中呈现，亦仰赖学界前辈、专家学者大力推荐，并敬请给予我们批评、建议，帮助我们出好这套文库。

经济科学出版社经管编辑中心

2019 年 9 月

　　本书受国家自然科学基金青年项目"基于投入－产出技术的国内生产及贸易对多区域 CO_2 排放的影响机理及协同减排路径研究"（项目编号：71804121）资助。

前言

伴随全球性能源与环境问题的频发与加剧，中国作为世界第二大经济体，以一个负责任的大国形象做出了一系列节能减排承诺，以"十四五"时期的能源改革为基础，承诺到 2030 年实现碳达峰，到 2060 年实现碳中和。中国幅员辽阔、地大物博，在经济、能源和环境方面都存在着广泛且显著的区域差异。在区域层面，特别是在城市水平，制定"共同但有区别"的节能减排政策和措施，对于保障中国顺利实现 2030 年和 2060 年的减排承诺具有重要意义。基于此，在"经济－能源－环境"这一交叉领域，众多专家学者从不同角度采用不同的研究方法对中国能源、环境表现及政策制定进行了各种研究。

本书以投入－产出（I-O）模型为基础，对中国国家和城市层面的二氧化碳排放和能源消费进行系统研究。投入－产出模型作为经济领域的经典模型，现已广泛应用于"经济－能源－环境"领域的交叉研究中。投入－产出模型以产业间关联为基本假设，分别从需求和供给视角对经济系统进行建模。因其良好的兼容性，近年来常常与其他研究方法联合使用，如结构分解分析（SDA）、生命周期评估（LCA）、线性规划（LP）等。本书第 2 章介绍了投入－产出模型及其与相关方法的组合在能源－环境领域的重要文献。第 3 章阐述了本书研究涉及的理论基础和研究方法，包括投入－产出模型、基于投入－产出模型的结构分解分析和基于投入－产出模型的敏感性分析方法。采用投入－产出模型能够兼顾多维度的能源－环境研究，例如区域层面、行业层面以及最终需求种类层面。

本书研究中讨论的二氧化碳排放均为能源燃烧产生的二氧化碳排放，即能源相关碳排放。第4章和第5章分别基于需求和供给视角对中国二氧化碳排放强度的变化在整体和行业层面进行结构分解分析，探索导致国家层面二氧化碳排放强度变化的关键影响因素和关键行业。第6章基于投入－产出模型进一步对行业层面二氧化碳排放强度的变化进行敏感性分析，锁定对国家碳排放强度产生重要影响的关键供给关系，即关键产业链。第7章从需求的角度出发对中国能源消费和能源强度的变化进行结构分解分析，探索对国家能源表现产生重要影响的关键影响因素、关键行业以及关键最终需求种类。考虑中国广泛存在的空间差异，第8章采用空间结构分解分析对中国四个直辖市能源消费和能源强度的空间差异进行分解研究，解析导致城市间（隐含）能源消费和（隐含）能源强度空间差异的关键影响因素。基于前述研究，第9章总结本书得到的主要研究结论并做研究展望。

特别感谢新加坡国立大学能源研究中心苏斌高级研究员以及天津大学管理与经济学部赵涛教授的悉心指导和大力支持。感谢研究生郝亚楠、刘会莉、毕欣雅、杨亚婵、蔡玉静、杜彦林和程童在本书写作过程中的内容整理、校订和排版工作。

本书的出版得到了国家自然科学基金青年项目"基于投入－产出技术的国内生产及贸易对多区域CO_2排放的影响机理及协同减排路径研究"（项目编号：71804121）的资助，相关研究成果也发表于高水平国际期刊 *Energy*、*Policy Energy* 以及 *Journal of Cleaner Production*。

需要特别说明的是，本书发表内容虽已多次校验和校订，但难免存在不足，敬请专家和同行批评指正。

闫俊娜

天津财经大学商学院

2022 年 10 月

目 录

contents

第1章 绪论 / 1

1.1 研究背景和意义 / 1

1.2 中国节能减排现状 / 4

1.3 研究内容与主要创新点 / 5

第2章 文献综述 / 9

2.1 投入－产出模型相关文献综述 / 9

2.2 分解分析方法在能源环境领域文献综述 / 23

2.3 其他方法在能源环境领域文献综述 / 30

2.4 文献评述 / 32

第3章 理论基础和研究方法 / 34

3.1 投入－产出模型概述 / 34

3.2 基于投入－产出模型的结构分解分析方法概述 / 39

3.3 基于投入－产出模型的敏感性分析方法概述 / 43

第4章 需求视角下中国碳排放强度变化的影响因素分析 / 46

4.1 引言 / 46

4.2 研究方法 / 46

4.3 数据来源 / 52

4.4 实证结果分析 / 56

4.5 本章小结 / 67

第 5 章　供给视角下中国碳排放强度变化的影响因素分析 / 70

　5.1　引言 / 70

　5.2　研究方法 / 71

　5.3　数据来源 / 75

　5.4　实证结果分析 / 76

　5.5　本章小结 / 81

第 6 章　行业碳排放强度敏感性分析 / 83

　6.1　引言 / 83

　6.2　研究方法 / 84

　6.3　数据来源 / 90

　6.4　实证结果分析 / 91

　6.5　本章小结 / 103

第 7 章　中国能源消费和强度变化的影响因素分析 / 105

　7.1　引言 / 105

　7.2　研究方法 / 108

　7.3　数据来源 / 112

　7.4　实证结果分析 / 113

　7.5　结论与政策建议 / 121

第 8 章　能源表现的空间差异——以直辖市为例 / 124

　8.1　引言 / 124

　8.2　研究方法 / 126

　8.3　数据来源 / 131

　8.4　实证结果分析 / 132

　8.5　结论 / 143

第 9 章　结论与展望 / 145

　9.1　研究工作总结 / 145

　9.2　研究展望 / 147

附录 A 中国能源表现变化的归因分析结果／149

附录 B 直辖市间能源表现空间差异的直接空间结构分解
分析结果／151

参考文献／153

第1章 绪 论

1.1 研究背景和意义

1.1.1 全球气候问题

近年来，气候变化已经成为全球关注的热点问题。虽然现阶段不能完全确认全球变暖是人类活动造成的，但全球工业化进程带来了大量的碳排放是显而易见的事实。随着全球经济发展，特别是工业的发展，各国都消耗了数量巨大的化石能源。由温室气体排放造成的温室效应已经给人类带来了巨大的挑战，各方面不利影响也日趋明显。

气候变暖带来的负面效应是全球性的，如果不积极应对，将会是对整个人类社会的一场浩劫。有研究表明，如果较工业化之前的温度上升2℃，世界年均经济损失将达到收入的 0.2% ~ 2.0%，而且造成大范围不可逆的影响，导致极端恶劣天气、人身安全问题、食品安全问题和生态环境破坏等灾难性后果，威胁着人类的生存。[9]目前，气候变暖已经给世界各国带来了种种挑战，许多灾难性的后果已经开始展露，全球的海洋、淡水资源、生态环境、粮食生产与粮食安全、人体健康等方面均面临着气候变暖所带来的巨大威胁。[64,82,101,119,160]

1.1.2 中国能源消费及碳排放的历史增长趋势

过去40多年，中国经济快速发展，能源消费量随之不断增加。在此基础上，中国积极推动自身经济转型升级，大力推进能源消费改革，开辟了一条可持续发展之路。近年来，中国政府出台了一系列有关节能减排和保护环境的政策，出于大气污染防治的考虑，中国积极转变能源消费结构。中国政府把良好生态环境作为最重要的公共产品和最普惠的民生福祉，明确到 2035 年基本实现"美丽中国"的目标。中国的转型将在贸易、投资和能源环保等领域给亚太地区和世界其他经济体带来重要的积极影响。[7]

改革开放以来，中国能源产业由弱到强，发展动力由传统能源加速向新能源转变，能源结构由原煤为主加速向多元化、清洁化转变，能源消费结构不断优化，利用效率逐渐提高，逐步形成煤、油、气、可再生能源等多品种能源生产和消费体系。中国可再生能源从无到有，在新能源行业中逐渐占有一席之地。[7]

中国一直以来都是煤炭消费大国，由于中国产业升级和淘汰落后产能的行动，中国对煤炭的需求呈现下滑趋势，但在能源消费结构中煤炭消费仍然占比较大。

中国注重天然气建设的投资，"西气东输"工程将西部地区拥有的丰富天然气资源传输到中东部地区，加快推进了天然气进入家家户户，最大限度地减少居民通过烧煤烧柴做饭取暖带来的环境污染。由于天然气简便高效清洁，中国的天然气利用量势必不断增加。

中国持续推进可再生能源产业发展。2000 年能源消费中几乎没有可再生能源，2014 年可再生能源在能源结构中占有一定比例。可再生能源是清洁能源、绿色能源，可以预见，中国会继续壮大可再生能源产业，中国可再生能源的产能和利用率也会继续增加。

目前，全球碳排放主要集中在以中国为代表的工业国以及以美国为代表的发达国家。中国近年来消耗了大量的能源，随之产生了大量的碳排放，高居全球国家碳排放的榜首，这也对中国长期稳定健康的发展提出了挑战。

根据 CDIAC 的数据，笔者绘制了 1899～2013 年中国不同来源碳排放量增长趋势图（见图 1－1）以及 1950～2013 年中国人均碳排放增长趋势图（见图 1－2）。

由图 1－1 可知，中国碳排放的增长历程大致可以分为三个阶段。

第一阶段：1955 年之前。这个阶段整体上看，中国处于碳排放量较低的状态。第二阶段：1956～2000 年。随着中国经济得到恢复和发展，中国的碳排放量也进入第一个迅速增长时期，从 1956 年的 21.65 万吨增长至 2000 年的 340.52 万吨，30 多年间增长近 15 倍。第三阶段：2000 年之后。由于工业化、城市化进程的加快，能源大量消耗，中国进入碳排放高速增长的阶段。2001 年中国碳

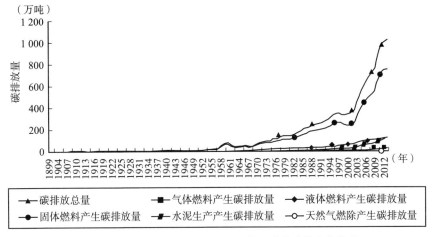

图 1 - 1 中国 1899 ~ 2013 年不同来源碳排放量变化趋势

资料来源：二氧化碳信息分析中心（Carbon Dioxide Information Analysis Centre，CDIAC）。

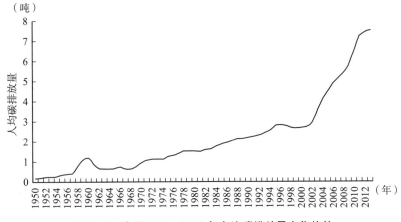

图 1 - 2 中国 1950 ~ 2013 年人均碳排放量变化趋势

资料来源：二氧化碳信息分析中心（Carbon Dioxide Information Analysis Centre，CDIAC）。

排放量为 348.76 万吨，到了 2013 年飙升至 1 024.95 万吨，短短 12 年增长了 676.19 万吨。

从人均碳排放量的角度来看，中国人均碳排放从 1950 年起，整体呈上升趋势。2013 年，人均碳排放为 7.52 吨。而 1950 年的人均碳排放量仅为 0.15 吨，前者是后者的 51.25 倍。其间出现两次比较大的波动，基本与碳排放总量的波动情况一致。从增长速度来看，中国人均碳排放的增长过程大致可以分为两个阶段：1950～2002 年，年均增长 0.05 吨；2003～2013 年，年均增长 0.75 吨。后一阶段的高速增长主要是由于中国经济的高速增长带来了大量的能源消耗。

从能源使用的类型来看，固体能源，即煤炭，始终是中国最主要的能源。中国碳排放量变化曲线与固体能源产生的碳排放量变化曲线变动趋势基本一致。根据 CDIAC 的数据，1925 年之前中国的全部碳排放均来自煤炭。1926～1965 年，中国碳排放有 90% 以上来自煤炭的消耗；1966～1973 年，煤炭导致的碳排放占中国整体碳排放的 80%。煤炭的使用不仅会导致大量碳排放，还会导致大气中硫氧化物、氮氧化物等污染物的增加，因此，中国正致力于调整能源结构，降低煤炭的使用量。截至 2013 年，煤炭消耗所带来的碳排放量占总碳排放量的比重已经降低到 73%。中国液体能源的使用量呈现逐年上升的趋势，但是，由于天然气等气态能源的使用，液体能源在总体能源中所占的比重在 1976 年、2000 年两次达到峰值（19% 左右）之后，近年来呈现下降趋势。天然气是现阶段较为理想的一种清洁能源，虽然天然气的使用也会产生碳排放，但相对而言，其空气污染物的产生量非常低。因此，天然气是中国近年来大力倡导推广的能源，其在整体能源中的比重也呈上升趋势。目前，由于价格等因素，天然气在中国的使用率仍处于较低水平，2013 年，天然气所产生的碳排放量仅占整体碳排放的 3.1%。

1.2　中国节能减排现状

近年来，中国经济飞速增长，在经济总量上已经成为世界第二大经济体。与之相伴的是，中国的化石能源消耗、碳排放也快速增长。根据 CDIAC 的数据，2006 年之后，中国年碳排放量已经超过美国居于全球首位。中国正处于经济发展的重要转型期，碳减排意味着控制能源消费量，而能源消费量又直接与经济发展息息相关。可以说，经济发展与碳减排的矛盾给中国政府提出了一个巨大的挑战。中国政府提出了两个明确而又极具挑战性的碳减排目标，第一个目标：中国政府宣布控制温室气休排放的行动目标，到 2020 年单位国内生产总值二氧化碳排放量需比 2005 年下降 40%～45%；第二个目标：中国政府再次作出承诺到 2030 年中国的碳排放将到达峰值，这意味着到 2030 年中国的碳排放强度将比 2005 年降低 65%。

为了实现中国的碳减排目标、承担起应对全球气候变化的责任，中国政府采取了多项发展低碳经济、推动碳减排的政策、规划、行动方案。本节整理了中国 2010~2016 年的节能减碳的实践活动，如表 1-1 所示。

表 1-1   中国低碳经济相关政策与减排技术汇总

分类	内容
全国层面政策、规划与工作方案	《关于进一步加大工作力度确保实现"十一五"节能减排目标的通知》《"十二五"节能减排综合性工作方案》《2014 - 2015 年节能减排低碳发展行动方案》《节能减排"十二五"规划》《低碳产品认证管理办法（暂行）》《能源发展"十二五"规划》《"十三五"生态环境保护规划》《"十三五"控制温室气体排放工作方案》《大气污染防治目标责任书》、新《环保法》《中美气候变化联合声明》、新《大气污染防治法》《生态文明体制改革总体方案》等
地方层面政策、规划与工作方案	《京津冀协同发展生态环境保护规划》《北京市碳排放权交易管理办法（试行）》《上海市碳排放管理试行办法》《天津市"十三五"控制温室气体排放工作实施方案》《山西省工业绿色低碳循环发展工程 2017 年行动计划》《浙江省低碳发展"十三五"规划》等
行业层面政策、规划与工作方案	《工业节能管理办法》《关于进一步加大节能减排力度加快钢铁工业结构调整的若干意见》《节能产品惠民工程高效电机推广实施细则》《节能与新能源汽车产业发展规划（2012 - 2020 年）》《关于加快推动我国绿色建筑发展的实施意见》《全国林业碳汇计量监测技术指南（试行）》《工业领域应对气候变化行动方案（2012 - 2020 年）》《中国电力减排研究 2012》《关于加强内燃机工业节能减排的意见》《关于组织实施电机能效提升计划（2013 - 2015 年）的通知》《有色金属工业节能减排指导意见发布》等
减排相关技术	《国家重点节能低碳技术推广目录》、二氧化碳转化为碳氢化合物燃料技术、"工业绿色发展工程科技战略及对策研究"重大研究项目、二氧化碳注入深部盐水储层技术、二氧化碳 - EOR 技术、ECBM 技术等

资料来源：闫俊娜. 中国碳排放强度变化的结构效应及关键供给关系分析 [D]. 天津大学, 2017.

1.3   研究内容与主要创新点

1.3.1   研究内容

本书分别从 9 个章节展开，除第 1 章外，后续章节设置具体如下。

第 2 章以研究方法为线索对经济 - 能源 - 环境领域的研究进行文献综述。首先，针对投入 - 产出模型，分别从区域间、国家/地区内以及行业层面，针对不同研究主题、研究方法组合进行文献综述。其次，关于分解分析方法针对指数分解分析（IDA）和结构分解分析（SDA），分别对较成熟的分解研究和一些应用前沿进行综述。再次，综述能源 – 环境领域中采用其他研究方法的研究，如计量经济学方法、数据包络分析、可计算一般均衡模型等。最后，在文献评述小节中，总结能源 – 环境领域常见的研究方法以及方法组合，并讨论不同方法的优缺点。

第 3 章阐述本书涉及的研究方法和理论基础。首先，介绍、比较 Leontief 投入 – 产出模型和 Ghosh 投入 – 产出模型的特点和异同。其次，介绍基于投入 – 产出模型的结构分解分析方法，分别为加性分解、乘性分解、时间分解和空间分解方法。最后，介绍了基于 Leontief 投入 – 产出模型和 Ghosh 投入 – 产出模型的敏感性分析方法，为本书的后续研究奠定夯实的理论基础。

第 4 章从需求的视角采用乘性结构分解分析研究中国总二氧化碳排放强度变化的影响因素，并对基于 Leontief 投入 – 产出模型的乘法 SDA 进行了详细阐述。研究表明，中国总二氧化碳排放强度呈现先上升后持续下降走势，能源强度效应是最主要的抑制因素，能源结构效应是主要的促进因素。在部门层面，对能源强度效应和国内生产结构效应进行归因分析，即研究行业维度单因素影响的贡献率。研究表明，中国工业能源强度下降对总碳排放强度的抑制作用贡献突出，特别是金属冶炼及压延加工业。相反，工业国内生产结构的变化对中国二氧化碳排放强度的促进作用贡献也十分明显。

第 5 章基于供给驱动型投入 – 产出模型，从供给的视角采用乘性结构分解分析和归因分析研究中国总二氧化碳排放强度变化的影响因素，并对基于 Ghosh 投入 – 产出模型的乘法 SDA 进行详细阐述。研究表明，能源强度效应呈现出最显著的抑制作用，其中第二产业在中国的经济和环境绩效中发挥着重要作用，"金属冶炼和压制""非金属矿物产品制造"和"化学工业"部门是主要的贡献部门。除此之外，本节还将研究结果与需求视角下的研究结果进行对比、分析，以达到更加全面、准确把握对中国二氧化碳排放强度影响较大的关键因素。

第 6 章采用基于投入 – 产出模型的敏感性分析方法，从行业关联角度，基于非竞争型进口假设，对由归因分析得出的关键行业（即农林牧渔业及相关服务业、金属冶炼及压延加工业、交通运输及仓储业）碳排放强度的降低进行分析讨论。本章分别从需求和供给的角度，找到对降低关键行业碳排放强度极其重要的生产关系和分配关系，并整理总结敏感性分析结果，提炼出对中国降低整体碳排放强度极其重要的产业链信息并绘制成网络图。

第 7 章通过考察"十二五"期间中国能源消费/强度变化的驱动因素，探讨有针对性、有效的能源政策建议。在投入－产出框架下，按最终需求种类隐含能源消费/强度在整体/行业层面进行估算，总能源消费/强度通过加性/乘性分解方式进行结构分解分析。从最终需求角度，揭示了中国的能源消费/强度主要靠投资拉动，其次是居民消费。结构分解分析结果显示，中国能源消费总量增长 28.8%，其中能源强度效应是最大的抑制因素，投资效应是最大的促进因素。与此同时，中国总能源强度下降了 16.0%，其中，能源强度效应和居民消费效应分别是最大的抑制因素和促进因素。挑选出了具有显著影响的关键部门，探讨了实现"十三五"能源目标和启动"十四五"能源革命的政策建议。

第 8 章采用投入－产出模型和空间结构分解分析来评价中国四个直辖市能源表现，并量化其空间差异和主要的影响因素。2012 年中国能源表现存在显著的空间差异，其中上海市和重庆市的差距最大，这主要受到国内 Leontief 结构效应和总最终需求效应的影响。特别是在国内净流出方面，隐含能源的空间差异非常明显。在相对能源效率方面，北京市效率最高，其次是天津市、上海市和重庆市。能源强度的空间差异主要受到能源强度效应和国内 Leontief 结构效应的影响。此外，在国内投资方面，整体隐含能源强度的空间差异也很明显。基于研究结果，在政策方面建议在城市层面进行生产和最终需求结构调整以及区域间合作。

第 9 章结论与展望，总结本书得到的研究结果和研究结论。另外，结合本书的研究问题以及研究方法，提出可行、有实际价值的研究展望。

1.3.2 主要创新点

本书涉及的创新点主要有以下方面。

（1）分别基于需求和供给驱动型投入－产出模型，对中国总碳排放强度的变化进行结构分解分析，并探索对降低中国行业层面碳排放强度较为重要的生产关系和分配关系。高希（Ghosh）投入－产出模型作为里昂惕夫（Leontief）投入－产出模型的有益补充，近年来逐渐得到专家学者的认可。同时使用上述两个模型对研究问题进行探讨，被认为是较为完备的，但目前类似研究较少。

（2）采用结构分解分析方法对中国碳排放强度以及能源排放强度指标的

变化/差异进行乘法分解。与指数分解分析相比较，结构分解分析可以充分对结构效应，如生产结构、分配结构、最终需求结构等，进行分解分析。从分解方式上看，目前采用结构分解分析的研究大多采用加法分解，乘法分解的研究较为缺乏。针对强度指标，选择乘法分解方式更加合理且有利于分解结果的解释。在模型构建之初，本书系统地阐述了研究假设的设置和依据，并建立采用乘法 D&L 方法的结构分解分析模型。

（3）分别基于 Leontief 投入－产出模型和 Ghosh 投入－产出框架，采用基于广义 Fisher 指数的归因分析求解部门水平乘法结构分解分析结果。归因分析在乘法结构分解分析框架下的相关研究相对不足。本书针对能源强度效应以及国内生产结构效应进行归因分析，指出能源强度效应分解式为整式形式，国内生产结构效应分解式为分式形式，分别针对上述两种形式的分解式建立归因分析模型，并进行权重系数的确定。

第 2 章 文 献 综 述

2.1 投入 – 产出模型相关文献综述

投入 – 产出模型自 1970 年起研究范围从经济领域扩展到环境领域。按照模型大类来划分，可将其分为里昂惕夫（Leontief）投入 – 产出模型和高希（Ghosh）投入 – 产出模型。按照研究对象数来划分，可分为单区域和多区域投入 – 产出模型。投入 – 产出模型的一大优点就是方法兼容性，即该模型既可以单独被应用进行研究，也可以与其他方法、模型相结合以解决实际问题。因此，该方法虽然已经十分成熟，应用也十分广泛，但在探索新的问题上，仍然保持着其强大的活力。总体来说，投入 – 产出模型及其研究框架可以从经济（如经济增长）、社会（如就业）、能源（如能源消耗水平）及环境（如大气污染排放物）四个方面展开研究。根据研究目的的不同，有的研究只深入研究其中的某一方面，有的论文会在两个及以上的方面开展研究。

2.1.1 国家层面投入 – 产出模型文献综述

国家层面的能源环境研究大体可以分为两类，即国家之间相互影响下的能源排放研究，以及某个国家内部的能源排放研究。单区域或多区域投入 – 产出模型（MRIO）常常被用来估算国家、地区范围内的直接二氧化碳排放、间接二氧化碳排放（Acquaye A，Feng K，Oppon E et al.，2017）、能源消耗、水消耗及其他非二氧化碳温室气体（Zhang B，Chen et al.，2015）的排放水平。

1. 基于投入 – 产出框架贸易相关能源环境研究综述

在经济全球化的背景下，国家/地区间会发生大量的人才、商品（包括能源）、资本甚至是碳排放的流动与转移。能源领域中，隐含碳排放、碳足迹等名词也由于商品的生产地与消费地的不同应运而生。从中国对外国际贸易的角度出发，崔连标等人（2015）提出中国 2001~2007 年由全球贸易导致的隐含能源消费呈快速增长趋势，且增速快于同期总直接能源出口量。在考虑隐含能源这一因素后，中国在国际贸易中表现为能源的净出口国。

除了整体隐含能源的研究外，特定能源种类的区域间流动也被广大专家学者所关注。例如，核能是一种既可以满足人们日益增长的电力需求，又有利于碳减排的一种能源种类。由于存在着巨大的安全隐患问题，许多国家不愿在自己的领土上应用核能技术，但可能会通过进口的方式来使用它。科尔特斯－博尔达等人（D. Cortés－Borda et al.，2015）应用多区域环境拓展型投入－产出模型估算了全球 40 个经济体生产为基础以及消费为基础核能的使用差异。研究表明，世界上 3.5% 的核能产量属于贸易隐含型，并且这一数字会随着核能全球产量的增加而提高。科尔特斯－博尔达等人（2015）探究了全球前 10 大经济体国际贸易中的隐含太阳能消费情况。近年来，中国成为太阳能生产最多的国家，且其生产量大于其在本国或者全球范围内的消费量。整体来看，贸易中隐含太阳能消费的比重较小，且较稳定。这主要是由于太阳能大多本地生产本地居民消费，鲜少用于出口。在经济全球化背景下，夏晓华等人（2017）考察了世界经济中煤炭的利用与流动。研究表明，世界上的主要经济体以及重要贸易区域极大地促进了煤炭利用的转移和替换，且它们的煤炭进出口量占世界总量的一大部分。从全球的角度看，某一国家直接煤炭利用的减少，通常伴随着煤炭富集型产品消费的增加，对于全球煤炭利用的减少意义不大。相反，全球煤炭消费量可能会由于高煤炭消耗产业由发达国家向发展中国家的转移而增加。因此，作者建议加强国际合作以抵消由贸易产生煤炭转移而带来的负面影响。

除了能源的流转外，隐含碳排放以及碳足迹基于消费为基础的理念被提出。另外，碳泄漏也作为全球公认的环境外部性问题，得到了越来越多的关注。历来关于碳排放的核算都没有统一的标准和数值，贸易中隐含碳排放也不例外。基于文献计量学方法，张中华等人（2017）指出不同研究关于中国 2007 年出口贸易隐含碳排放的核算值从 478 百万吨到 3 000 百万吨不等，而中国进口贸易隐含碳排放量的核算从 140 百万吨到 1 700 百万吨不等。这通常是不同的研究所使用的研究假设、数据来源的精度不同所导致的。因此，本书认为在相关碳排放核算的绝对量上，不同的研究之间的结果并不具有可比性，但同一研究内的通过相关绝对量比较得出的结论是具有实际意义和价值的。刘宪兵和王灿（2009）将贸易相关隐含碳排放的研究按照贸易类型分为三类，分别为：（1）直接量化多区域贸易的隐含二氧化碳排放量；（2）直接量化双边贸易的隐含二氧化碳排放量；（3）通过有无贸易的情景比较间接分析隐含二氧化碳排放情况。并且，该作者认为研究的结果很大程度上取决于贸易伙伴的选择以及数据可得性。第二类的研究，如刘宇等人（2017）对中国双边贸易产生隐含碳排放进行研究，发现中国贸易隐含碳排放常常被高估，以 2007 年数据为例，转移产生二氧化碳约占中国总二氧化碳排放量的 6.6%，因此，作者认为中国应将碳减排的研究重点聚焦在本国消费产生的二氧化碳排放上。第三类的研究如阿尔塞等人（G. Arce et al.，2016）[26]研究中国与世界其他 16 个国家之间贸易隐含碳排放减排潜力问题，建立一个反事实假设，借助情景分析方法发现，在企业直接或间接将生产转移到环境效率较高的国家的前提下，中国贸易相关碳排放减排潜力最大，最乐观的减排潜力值可以达到 18.2%。

在国际或区域间贸易相关隐含排放/利用的研究中，能源及二氧化碳是主要的研究对象。除此之外，其他贸易隐含有害排放物如臭氧、二氧化硫（SO_2）、氮氧化物（NO_x）、氨氮（$NH_3 - N$）以及水足迹的核算也常常依托多区域投入 – 产出模型（MRIO）而展开。

2. 基于投入 – 产出框架区域内能源环境研究综述

当研究对象为某国家或地区时，单区域投入 – 产出模型较多地被选择。现阶段关注度、创新性较高的研究主题如能源回弹效应、能源弹性、环境评价等。投入 – 产出模型本身的一个巨大优势就是与其他方法的联合使用，使一些问题的研究可以在投入 – 产出的框架内进行，整合后的研究方法继承了两种方法的优点。

始终提倡可持续发展模式、大力发展绿色经济、使用可再生能源是基本手段。在相关领域的研究中，投入 – 产出模型被适时地拓展成环境投入 – 产出模型，对能源 – 经济 – 环境系统进行评价与研究。有学者在环境投入 – 产出模型的框架下对泰国绿色 GDP 进行全生命周期评价（K. Kunanuntakij et al.，2017）。研究表明，泰国总直接温室气体（GHG）排放从 1990 年的 242 百万吨二氧化碳当量到 2020 年预计达到 459 百万吨二氧化碳当量，并且超过 80% 的温室气体来源于制造业、发电厂、运输业和农业，泰国绿色 GDP 和 GDP 的差异中有 2% 来源于温室气体减排费用。

至今，中国主要的节能减排成效主要来源于能源强度的下降，但长期减排效果的稳定以及主要减排潜力还将来源于能源结构的改善，即提高清洁能源、可再生能源的使用比例。从就业的角度看，在向低碳能源转移的过程中，对化石燃料部门的锁紧政策会造成一定程度的失业，那么，对可再生能源的支持政策会不会重新创造一部分就业机会呢？在国家或国际范围内研究可再生能源的发展对就业的影响，兰伯特和席尔瓦（R. J. Lambert and P. P. Silva, 2012）建议使用投入 – 产出模型，因为它可以对整个经济系统进行建模，并同时考虑直接和间接工作机会的影响。加勒特 – 佩尔蒂埃（H. Garrett-Peltier, 2017）在美国的投入 – 产出表中人为地增加一个清洁能源部门，来研究公共及私人关于清洁能源投资对就业的中短期影响。它们的研究表明，平均而言，100 万元的化石能源花费会创造 2.65 个全职工作机会，而等量的可再生能源花费会创造 7.49 个全职工作机会。因此，从化石能源向可再生能源每 100 万元的投资转移都会多创造大约 5 个工作机会。以葡萄牙为例，亨里克斯等人（C. O. Henriques et al., 2016）进一步探究了关于可再生能源发电的投入对就业的影响，指出可再生能源的开发对葡萄牙工作压力的缓解有正向积极作用，且增加国内可再生能源技术在生产中的应用将会进一步创造新的工作机会。对于日本，若将地热发电部门作为一个新的部门引入投入 – 产出表中，研究这一新部门的存在对本部门及日本经济的就业影响时会发现，2005 年时，地热能每年每吉瓦时能够创造 0.89 个人的工作机会，其中 66% 的工作机会来源于地热发电的运作和维护阶段，这说明地热发电技术的发展与使用能够为日本服务业带来长期的就业机会，并且创造的本地就业机会占总就业的 86%。[91] 综合来看，在研究可再生能源技术对某经济体可能带来的能源、社会以及经济影响的评价时，投入 – 产出模型由于其自身能够整合、兼容新的数据信息及研究方法这一优势，常常被选择与使用。并且，可再生能源或清洁能源发电技术是这一领域的研究热点。

如果将某个国家或地区看作一个复杂系统，那么实现能源、经济、环境协调发展是一个多目标优化事件，并且各个目标之间是存在明显的矛盾关系的。基于投入 – 产出框架的多目标线性规划模型（MOLP）常常被用来探究上述问题。以巴西 2009 年为例，德卡瓦略等人（A. L. de Carvalho et al., 2015）证明了 GDP（经济因素）与就业水平（社会因素）的最大化目标提高会导致能源消耗（能源因素）以及温室气体排放（环境因素）增加，相反，能耗或温室气体排放的最小化目标会对 GDP 及就业产生负面影响。亨里克斯等人（2012）对葡萄牙经济 – 能源 – 社会 – 环境系统进行投入 – 产出分析发现，GDP 及就业水平的提高会增加其对国家温室气体排放的影响程度，当 GDP 最大时对应的能源进口水平也最高，这说明该国 GDP 的增长很大程度上依赖于能源进口。常宁（2015）通过对中国 2007 年环境 – 经济系统进行研究发现，若要使二氧化碳排放由 5 707.16 百万吨下降到 5 452.12 百万吨，则目标产业群组需要进行相应的生产结构调整，随之 GDP 将减少 825.9 亿元。另外，温室气体减排与经济增长的相互矛盾在西班牙也有所体现。圣克里斯托弗（J. R. San Cristóbal，2012）基于环境投入 – 产出线性目标规划模型对西班牙实现 2007 年可持续发展目标（如产值水平维持在 2005 年水平、劳动力需求水平维持在 2005 年、煤炭需求减少 5%、温室气体以及废弃物排放减少 10%）的经济影响进行研究，研究表明交通业、批发零售业以及住宿餐饮业的产值和就业水平受影响最为严重，农牧及相关服务业、金属行业的温室气体减排最多，电力、天然气、热力、水及造纸业的废弃物排放减少最多。结合使用线性规划模型、环境拓展投入 – 产出模型以及生命周期评价方法，科尔特斯 – 博尔达等人（2015）对欧盟经济体（25 国家组成）2006 年关于全球变暖问题寻找总经济产出和全生命周期二氧化碳减排的双赢策略。研究表明，在当前的技术水平和国际贸易网络框架下，若紧缩关键部门的需求，全行业经济的全球变暖潜能（GWP）和经济总产出都将下降，且 GWP 下降的幅度会更大些。并且，作者认为应该首先缩紧那些温室气体排放与对欧盟总产出的贡献具有高比率的经济活动。具体而言，对欧盟经济体来说，家电的使用、服装的消费以及肉制品的消费是首要需要紧缩以达到降低全球变暖潜能目的的。从生产重新配置的角度，赫里斯图 – 瓦尔萨凯利斯等人（D. Hristu-Varsakelis et al.，2010）为希腊经济建立了一个优化模型，考虑了希腊 2005 年环境投入 – 产出矩阵、能源利用和污染减排。研究表明，对经济总 GVP 增速的限制将有效实现对温室气体的减排，同时，在更加灵活的生产情景下，温室气体的减排幅度更大些。综上所述，在大多数国家或联盟中，经济、社会发展通常是与环境、能源目标相矛盾的，如何寻求之间的平衡路径，在不同的地区会有不同的探索。多目标规划与投入 – 产出模型相结合的研究，有时借助情景分析方法，对研究对象进行多维度的研究。相应地，所包含的数据信息以及变量都更加庞大，得到的研究结果也是多维度、更加全面的。

在各国越来越重视通过技术创新进行能源节约、降低排放的背景下，由于回弹效应对由技术进步导致的节能减碳成效带来的抵消作用得到了越来越多的关注。迄今为止，已经有很多研究证实了能源回弹效应的存在。[80] 在估算回弹效应时，多数研究采用可计算一般均衡模型（CGE）或者计量模型。由于CGE模型只能给出模拟回弹效应值，故更多的文献还是采用了计量模型。这就导致了大多数的估算值没有考察部门间的联系这一因素。目前，基于投入 – 产出模型进行能源回弹效应的研究还较少。李科和蒋竺均（2016）考察了中国能源补贴带来的能源回弹效应，研究表明，在2007～2010年，中国总回弹效应约为1.9%。因此，中国的技术进步对能源消费增长的抑制还是比较有效的。在移除对煤炭和天然气的补贴的情况下，中国能源回弹效应大幅度下降，然而在移除对油品补贴的情况下，能源回弹效应的变化并不显著。这表明，能源补贴政策与能源价格改革措施应该同时实施，以达到预期的节能减排成效。同样，李科和林伯强（2015）认为由于回弹效应的存在，部门层面技术进步不是其进行节能的必要手段。作者对中国2006～2010年全行业进行回弹效应测算，结果为11.31%，这一数值要大于不考虑部门间关联的情况（11.25%）。这表明，基于计量方法测算的能源回弹效应的研究，都在不同程度上低估了其抵消作用，而基于投入 – 产出模型对某地区能源回弹效应的估计，天然地考虑了部门间产业关联这一因素，更加符合实际情况，得到的结果也更加有借鉴意义。

2.1.2　地区层面投入 – 产出模型文献综述

在研究区域间问题时，多区域投入 – 产出模型更为广泛地被采用。陈炜明等人（2017）利用省份间投入 – 产出模型对京津冀地区与中国其他省份间的隐含能源转移进行研究。研究表明，京津冀地区的金属与非金属矿物制品业、电力天然气及水供应业向长江三角洲和珠江三角洲出口大量隐含能源。基于消费为基础的核算标准，孙旭东等人（2017）对中国三个重要经济发展区及各省份的隐含能源使用进行多区域投入 – 产出分析。研究表明，长江三角洲、珠江三角洲及京津冀地区分别有93.1%、85.1%和63.4%的隐含能源消费由山西省、内蒙古自治区、陕西省及其他有贸易往来的地区提供。可以看出，国内贸易产生的隐含能源流动实质上是由最终需求驱动的，表现为大规模基础设施建设、消费结构升级、高出口依赖性以及城市化进程。张博等人（2016）指出，中国2007年由区域间贸易产生的总隐含能源消耗将近3倍于2002年水平。若将中国整体划分为8个区域，其中西北、中部、东北及西南地区为隐含能源净输出地区，东部沿海、南部沿海、北部沿海及天津市 – 北京市地区为隐含能源净输入地区。特别地，由中部地区作为传输通道，西部内陆地区向东部沿海地区输出的隐含能源量大大增加。

车辆配送是区域间商品流动的主要手段之一，随着车辆技术的发展，卡车配送的能耗不局限于柴油，也可以是电力、柴油电力混合或者天然气。有学者[250]研究了区域间商品互通背景下，使用不同能源消耗车辆类型所对应的环境指标（如碳足迹、能源足迹）的差异（Y. Zhao et al., 2016）。研究表明，纯电动卡车虽然没有产生碳排放，与其他能源类型的卡车相比，其产生的环境影响并不更加友好。平均而言，生产电动汽车产生的温室气体排放和能源消耗都更多。作者认为，区域清洁能源发电的比重对电动汽车的环境污染水平有非常重要的影响。需要指出的是，关于一级化石能源（如石油、天然气）在国际或区域贸易中的流动及隐含消费情况的研究至今还较少。

对于刘宪兵和王灿（2009）将贸易相关隐含碳排放的研究按照贸易类型分为三类中的第一类，苏斌和洪明华（B. W. Ang, 2014）创新地结合使用混合贸易隐含排放（HEET）方法和贸易隐含排放步进式分配（SWDEET）方法，将中国分为 8 个区域，研究区域间贸易以及国际贸易隐含碳排放的情况。研究发现，西北地区为满足其他 7 个地区最终需求而产生的隐含碳排放占其总二氧化碳排放量的比重超过 20%，具有相同特征的还有中部地区和北部沿海地区。另外，南部沿海、中部沿海以及北部地区出口产生的隐含碳排放超过自身总二氧化碳排放量的 20%。整体来看，中国较发达区域通常是碳排放净进口地区，发展中区域通常是碳排放的净出口地区。有学者认为某地区的碳排放不仅对该地区产生影响，而且作用于其他地区，并且存在地区间的交互作用影响（G. Chen et al., 2017）。作者采用能够研究嵌套地区结构的多规模、多地区投入产出模型对悉尼和墨尔本的碳足迹进行研究。研究表明，进口碳排放构成了城市 50% 的碳足迹，其中大部分的进口碳排放来源于商品和服务（包括电力）的进口。

为探索发展利用生物质能源对温室气体减排的作用，宋俊年等人（2015）利用动态区域投入 – 产出模型研究通过利用农业废物进行能源生产的环境评价。被研究地区 15 年内可用于生产生物质能源的农业废物约为 55.16 百万吨，预计到 2025 年促进生产生物质能源 8.38 百万吨煤当量，并且预计产生 3.1% 的温室气体净减排量。生物质能源被认为是具有能源、经济及环境价值，且适宜支持工业发展的新支柱。由于生活质量改善以及城市化进程，城市废弃物的数量与日俱增，其妥善处理对环境系统至关重要。宋俊年等人（2016）创造性地提出投入－产出模拟模型，将废弃物－能源系统融入能源－经济系统，以研究利用城市废弃物进行能源生产预计产生的能源、经济及环境潜力。其以某城市为研究对象，预计到 2025 年，生物柴油生产以及发电量分别可以达到7.211 万吨和15.9 亿千瓦时。由于有最高的能源回收以及补贴水平，有机废水沼气工业将会产生最高的产出和净利润，其次是垃圾焚烧发电业。总体来说，预计实现 17.97 百万吨二氧化碳当量的温室气体减排。

2.1.3 　行业层面投入－产出模型文献综述

在对行业维度投入－产出环境领域的研究进行综述时，这里所指的行业是广义的行业，既包括生产部门（即投入－产出表第一象限中的部门），也包含居民行业（即最终消费者）。因此，本节的研究综述也以上述为划分原则而分别展开。

1. 生产部门相关投入－产出模型文献综述

一般而言，经济系统中的生产部门可以划分为第一产业、第二产业以及第三产业。关于三次产业中细分产业的划分不完全一致。根据中国国家统计局给出的划分标准，第一产业即指农林牧渔业，第二产业即指工业和建筑业，第三产业主要指服务业，即除了前两个产业以外的行业。本书提到的生产部门生产出的产品也是广义的产品，既包含商品也包含服务。樊宇等人（2016）提出促进中国环境保护行业的发展，并对中国全行业当前环境保护特征进行研究发现，第一产业本身会对环境产生污染（如水土流失、重金属及水污染等），但它的直接环境保护活动却很少，且对环境友好型商品及服务的消费大多通过间接的方式，这就需要今后增加更多环境投资。工业中的石油加工、炼焦及核燃料加工业以及纺织、皮革制品业对环境友好型产品及服务的需求较多，但上述两个行业实施的环境保护活动却很少。交通设备制造业直接或间接地实施了大量的环境保护活动，相应地，该行业对环境友好型商品及服务的消费量最大。这与中国日益严重的环境问题以及社会舆论的压力也有很大的关系。工业中的交通设备制造业、造纸印刷及文教体育用品制造业、木材加工和家具制造业都是环境友好型商品及服务的提供者。对第三产业而言，例如批发与零售业和金融业是有能力通过对环境友好型产品及服务的消费获得相应收益的。

农林牧渔业是一个国家生存的根本，虽不属于高能耗行业，但该行业与环境存在着天然的联系，尤其是在由传统产业向绿色产业转型过程中，其对环境产生的影响成为众多学者关注的对象。胡巴塞克和孙来祥（K. Hubacek and L. Sun，2001）结合使用投入－产出模型、地理信息系统（GIS）和情景分析对中国土地利用及土地覆盖变化进行研究发现，在维持原有粮食作物自给自足的政策情况下，在保证农田需求可行性前提下，中国耕地生产力需要以年均1.28%的速度增长。并且，由于中国目前土地利用效率较低且存在结构问题，在不考虑未来技术提高的情况下，中国农业部门在开发现有实践基础上，土地生产力也是有很大的提高空间的。有学者以土耳其为例，从能源利用的角度[104]，利用投入－产出模型研究农业与其他能源部门的结构相关性（O. Karkacier and Z. G. Goktolga，2005）。从直接需求系数以及最终需求乘数的结果上来看，农业对水的采集、净化及供应业的依赖性最强。农业与焦炭、精炼石油制品的制造、电力及天然气的生产和供应业的能源联系也较为密切。基于广东省 2007 年投入－产出数据，从经济发展的角度，欧阳浩等人（2015）确定了与农林牧渔业存在关键直接或间接关联的生产部门，其中，食品制造及烟草加工业是能够直接对农林牧渔业产生重要影响作用的行业，通信设备、计算机及其他电子设备制造业是最关键的间接作用行业。海林格等人（P. W. Heringa et al.，2013）在投入－产出模型的框架下研究了多功能农业（即具有绿色保健、旅游娱乐与教育、实地销售、绿色服务 4 种附加功能）在荷兰 4 个不同地区的经济影响。研究表明，多功能农业对经济的拉动作用不大，并且会增加本行业的花费。多功能农业的各种表现具有明显的地区差异性，与传统农业相比，其单位产出的就业机会要更大一些。这篇文章只讨论了农业转型的经济和社会影响，若能够同时讨论其环境影响，得到的结果将更加全面。陈文汇等人（2015）对中国森林资源的利用并对其在经济－环境系统中所发挥的作用做出评价。基于资源数量与投入－产出价值信息，作者发现在不同的生产部门中对森林资源的需求和投入量截然不同，纸制品和家具制造业对木材的直接及完全消耗系数最高。另外，不同部门木材的消耗对产值的贡献率也不同，其中，建筑业对木材有较高的直接消耗量，且对该行业创造产值的贡献率也很大。总体而言，在对中国第一产业的研究中，单纯的投入－产出经济分析和基于投入－产出框架的环境分析的研究虽然都有一些，但整体上看研究的数量不是很多，且从研究完备性的角度看，研究的角度并不健全，研究内容偏宏观。这可能是由于该行业本身对一个国家的 GDP 贡献率不高，且与能源强度也不高有一定的关系。

第二产业是中国的创造经济价值的主要产业，其中也有几个典型的高能耗行业，也是中国主要的温室气体排放源。从大类上划分，可以进一步将第二产业划分为采选业、加工制造业、电力热力燃气水的生产和供应业、建筑业。

首先，基于投入–产出模型，采选业相关的研究大多属于经济关联研究范畴。通过对欧盟进行投入–产出分析，有学者[168]发现开采和挖掘业与其他部门相比对区域经济发展的作用并不大（J. R. San Cristóbal and M. V. Biezma，2006）。在行业安全方面，童磊等人（2011）根据中国煤矿的特征建立煤矿安全投入–产出表，分别建立时间间隔为 1 年和 s 年的动态投入–产出模型，以研究、预测中国煤矿安全投入与相应的收益。

其次，在开放的经济环境下，中国加工制造业不仅为本国最终消费提供产品及服务，同时也大量出口国外，由于较大的产出量也素有"世界工厂"之称。以电力设备制造业为例，有学者基于全球价值链收入方法和投入–产出分析认为[143]，在最终生产阶段中国电力设备的制造与其他国家相比具有比较优势，其产量在世界范围内占较大比重，但中国却是增加值合计净进口国家，也就是发生在中国的制造活动中，其他国家的增加值合计要超过中国自身（Y. Lu，2017）。即便在只考虑经济因素的情况下，中国的制造业也是不具备竞争力的。若再考虑生产制造过程中的能源环境代价，整体来看，中国制造业是急需向技术密集型以及环境友好型转型的。以土耳其为例，从整个供应链的角度看，制造产业链中原料供给以及现场制造阶段的能源消耗及碳足迹占总产业链的90%，并且制造业的碳排放量占国家总碳排放量的40%～60%。2009年，土耳其制造业能源消耗的50%用于为中国、美国以及世界上其他国家提供产品。[108]可以看出，制造业的研究多从全球供应链角度展开，世界各国都有频繁的贸易往来。制造业本身属于低附加值产业，但产生的能源和环境负担较重，多流行于发展中国家。中国目前处于产业转型升级阶段，应适时减少制造业在国内生产总值中的比重，提高该行业的生产准入门槛和技术水平。

再次，电力属于二次能源，可以由化石能源、可再生能源和清洁能源转换得到，也是日常各行各业生产和人民生活中广泛使用的能源种类。电力本身属于清洁能源，其直接消耗并不对环境产生直接的消极影响。但不同的发电手段，对环境造成的压力却不尽相同。何佩君等人（2015）联合使用线性规划模型和经济投入–产出分析研究中国 2007 年在不同发电组合策略且满足国内需求的情况下能源进口减少的最大值，即能源进口弹性指数。研究表明，中国能源进口弹性指数非常依赖于发电技术组合的变化以及产业间关联，过于依赖化石燃料发电不利于中国通过新的发电技术实现既定的环境目标。此外，为加强中国能源安全，在扩容时还应考虑生产扩容投资的边际回报，并且通过提升部门生产技术效率也有利于中国能源安全的加强。除了不同的发电方式与技术水平外，水的供应与消耗与电力生产的关系也十分密切。万里扬等人（2016）基于投入－产出框架采用混合分析方法对世界 7 个主要经济体关于电力结构调整对水消耗的影响进行研究。对于大多数国家而言，在遵守全球气温上升低于 2℃ 的前提下，电力部门的水消耗是呈增加态势的，特别是中国和印度。各国在实现国家自主贡献（INDCs）的前提下，可以实现水消费与电力产量的解耦，但对于中国而言，相应的间接水消费会增加。鉴于各国研究结果的不同，作者认为中国在实现电力部门低碳转型的过程中，单纯地减少化石能源发电的比例只会减少直接的水消耗，非水可再生能源发电会增加总的水消耗量。因此，中国应根据本国自身水资源的特征制订电力部门低碳转型计划，不能遵循其他地区的转型路径。罗科等人（M. V. Rocco et al.，2017）采用混合投入－产出模型，从全生命周期的角度，在价值型投入－产出表中融入待考察能源系统信息，对意大利垃圾焚烧电厂隐含在电力生产中的（不可再生）有效能进行评价。研究表明，在电厂的建设和运作阶段，初级（不可再生的）有效能的消耗是不可忽视的，该电厂能够生产大量的电力，这需要上述消耗的（不可再生的）有效能的 100 倍左右。在发电过程中，若将利用效率提高 1%，则消耗的（不可再生的）效能将减少 7 938 吨油当量。由于全球气候变暖，中国极端恶劣天气发生的频度有所增加，酷热天气不仅会骤然提高电力需求量，对电力生产、传输及分配系统也造成了极大的压力。梁卓然等人（2016）结合使用回归模型和投入－产出模型对中国上海市地区关于应对热浪天气各部门电力定量配给份额的确定问题进行研究。根据上海市 44 部门总 GDP 损失、二氧化碳减排量及减排的经济损失指标选定了 20 部门进行电力定量配给设置，其中最主要的三个行业是黑色金属冶炼及压延加工业、金属制品业以及机械制造业。可以看出，在投入－产出框架下围绕电力部门开展的研究，有涉及外部因素如能源安全、气候变化的，也有内部因素如发电过程中的投入（水、不可再生能源等）。电力部门作为中国经济发展和民生的支柱产业，为应对各种凸显的环境问题，应该增加更多的事前研究，加强发电、输电、配电、用电各环节安全保障。

最后，建筑业作为一个典型的高耗能行业，贡献了全球总能耗的 30% ~ 40% 以及超过 1/3 的全球二氧化碳排放，成为专家学者所关注的焦点之一。

从全生命周期的角度，以中国建筑业为例，张孝存和王凤来（2016）将其生产过程划分为建设、运作以及废弃阶段，基于此分析中国建筑业1997~2012年的能源消耗及碳排放情况。研究表明，在只考虑一栋建筑物时，运作阶段的能耗及碳排放最大，但由于中国目前大量在建项目的存在，建设阶段能耗及碳排放占全生命周期的60%多。因此，在设计阶段减少钢筋、水泥的投入，改善建筑方法及原材料运输过程，是减少建设阶段浪费、能耗及碳排放的最有效手段。精益建造由精益生产延伸到建筑业，以期提高建筑业的生产效率。戈尔扎普尔等人（H. Golzarpoor et al., 2017）提出了建筑工程离散事件仿真模型（DES）环境投入－产出框架（I-O）并研究精益建造对工程项目的环境表现的影响，这个新的框架可以达到同时管理生产和环境废弃物的目的。文章中模拟了一个假设的项目，DES-I-O框架不仅可以降低工程时间和成本并更好地利用资源，还被证明能够减少能源消耗和温室气体排放。除了建筑业内部管理及分阶段研究外，区域间流动相关能源研究也常常被涉及。基于多区域投入－产出模型，洪竞科等人（2016）认为中国建筑业是一个典型的需求驱动型部门，并核算其在消费和区域间贸易中的隐含能源消耗。2007年，中国建筑业共消费能源793.74百万吨煤当量，相当于中国国家总能源消耗的29.6%。建筑业的区域间进口表现为资源依赖型地理分布，能源从资源丰富的中部地区流向资源匮乏的东部沿海地区。相反，能源出口表现为区域离散分布，主要表现为劳动力流动和提供服务的形式。在省份层面上，洪竞科等人（2017）基于现场施工数据和多区域投入－产出模型量化了广东省建筑业总隐含能源消费和能源转移并对全生命周期能源消费进行评价。研究表明，省份层面建筑业的隐含能源消费具有明显的地区特色和化石燃料导向型，约占区域总能耗的18.6%。地理上的邻近和资源特征是广东省建筑业区域间能源转移的两大决定因素。总体来说，建筑业不同于其他工业行业，大多数研究在投入－产出框架下使用生命周期评价方法对建筑不同阶段分别进行研究，建设阶段仍是整个行业主要的能源消耗及碳排放来源。相应地，更多地使用高附加值产品和高能源效率的原材料以及对环境友好型活动的投资是更加值得提倡的。

在能源环境领域的研究中，第三产业主要涉及交通运输服务业、批发零售业、住宿餐饮业以及其他服务业。其中，交通运输服务业不仅服务于人们的日常生活，也是工业生产不可缺少的一部分。因此，对其能源消耗及碳排放的管理与控制不可忽视。基于I-O模型，有学者对韩国2000~2010年4大运输部门（铁路、公路、水路及航运）对国家经济的作用以及与其他部门的关联进行研究（M. K. Lee and S. H. Yoo, 2016）。对于韩国而言，铁路和公路运输对国家经济更为关键。从运输供给投资角度看，石油和煤制品、运输设备以及金融和保险业对运输业最为关键；从供给短缺的影响看，化学制品、电子及其他电气设备、建筑业、批发零售业对运输业表现出重要性。在产业关联研究中，运输业更多地表现为其他行业最终产品的需求方，较少为其他行业提供初始投入。众所周知，电动汽车较普通燃油汽车更为环保，纯电动汽车在行驶过程中并不向大气排放尾气。勒朗和温迪施（F. Leurent and E. Windisch, 2015）基于I-O 模型和 LCA 方法量化电动和燃油私有汽车对公共财政的影响。研究表明，车辆对公共财政的影响是巨大的，其绝大部分的收入来源于生产相关的社会缴费和雇佣的机会成本。在国内生产并出口的情况下，用电动汽车替换常规汽车可以为公共财政带来一笔额外的客观收入，相反，在国外生产并进口的情况下，用电动汽车替换常规汽车会大大削减公共财政收入。基于此，对中国而言，应该提倡支持本国自主研发新能源汽车并用于本国消费及出口。这不仅有利于中国的环境改善，也能够帮助公共财政收入的增加。

阿尔坎塔拉和帕迪利亚（V. Alcántara and E. Padilla, 2009）对服务业内的子行业不同类型二氧化碳排放（即自有的、需求的、反馈的、内部的以及溢出的二氧化碳排放）进行考察。交通运输活动是服务业中最主要的直接排放来源，服务业中生产销售产生的二氧化碳排放要远大于满足其本身最终需求而产生的排放。由于服务业本身对整体经济的拉动效果，其与最终需求相关的直接和间接排放更加值得关注。基于此，批发零售业、住宿餐饮业、房地产业、租赁与商务服务业以及公共事业管理业，这些在能源环境领域常常被忽视的产业应该得到越来越多的重视与管理。此外，旅游业作为非传统、新兴的国民账户体系中的一个部门，孟伟庆等人（2016）在 I-O 框架下利用旅游卫星账户对中国该行业 2002～2010 年二氧化碳排放进行核算。平均而言，该行业二氧化碳排放约占中国总碳排放的 2.4%，且行业间接碳排放约为直接碳排放的 3～4 倍，与制造业相比，该行业不属于高排放高能耗行业。随着中国第三产业对GDP 的贡献率的不断提高，其产生的间接碳排放和能源消耗应该引起越来越多的重视，并注重第三产业中自主技术创新及普及应用，管理并规范行业运营秩序，避免低门槛及不规范的运作方式对经济及环境系统造成负面影响。

2. 居民行业相关投入－产出模型文献综述

居民行业是仅次于工业的第二大能源消耗及相关碳排放来源。通常来讲，居民能源消耗分为直接能源消耗（如电力、天然气、汽油等能源产品的消耗）和间接能源消耗（如家用电器、汽车等非能源产品及服务的消耗）。一般而言，间接能源消耗及相关碳排放为居民行业总能耗及其碳排放的主要组成，远大于直接相关值。[245]

从人口属性角度，又可以将居民消费划分为城镇和农村居民消费，由此产生的生活水平、生活方式、收入等因素的差异，对能源消耗及碳排放也有较大的影响。刘洪涛等人（2009）[131]编制了1992年、1997年、2002年及2005年能源投入－产出表，利用投入－产出价格模型分别核算了中国农村和城镇居民间接能源消耗，并研究了能源政策通过间接电力消耗机制对生产价格、消费价格以及农村居民和城镇居民实际收入的影响。研究表明，城镇居民无论是直接还是间接能耗都要多于农村居民，因此，城镇居民的能源消耗对能源价格的变化更为敏感。在能源价格上升的情况下，生产价格以及消费价格都是上升的，居民实际收入是下降的。然而，在能源效率提高的情况下，上述变化都是相反趋势。作者建议在提高能源价格的同时降低能源消耗量，能够达到经济和环境指标双赢的目的。陈绍晴和陈彬（2015）[44]利用I-O分析核算北京市2007年城镇居民总隐含能耗（即直接能源消耗和由区域进口产生的间接能源消耗）为202.9百万吨标煤，还利用生态网络分析（ENA）得出北京市的整体控制能源为159.3百万吨标煤，并对北京市部门间能源依赖联系进行研究。从网络控制角度，电力、天然气和水控制着农业、建筑业及运输业的能源消耗，控制程度分别为42%、36%及22%。从能源依赖角度，电力、天然气及水主要依赖于制造业及服务业，依赖程度分别为51%及35%。因此，北京市城镇总能耗主要受制造业及服务业的影响。

基于MRIO模型，有学者[32]研究了波罗的海诸国1995～2011年居民碳足迹，并追溯量化其不同来源（J. Brizga et al.，2017）。在研究期内，其居民碳足迹增长47%。具体而言，爱沙尼亚主要的居民碳足迹来源于住房和公共事业花费，立陶宛则来源于住房、食品和交通花费。另外，绝大部分的间接碳排放来源于从俄罗斯和中国的进口商品消费。研究表明，若降低居民消费为基础的排放，那么居民的生活行为将会改变，且更倾向于低碳的生活方式。在I-O框架下，除了对居民消费相关能耗及碳排放的核算以及影响因素的研究外，其内含特征变化对能源环境系统的影响也是学者关心的焦点。有学者[159]联合使用I-O模型和假设提取法量化评价巴西居民消费对二氧化碳排放的影响（F. S. Perobelli et al.，2015）。高收入水平家庭较低收入水平家庭而言，产生更多的消费，同时也导致 7 倍于低收入家庭消费产生的二氧化碳排放。从消费的角度而言，高收入水平家庭更为重要，这些家庭消费的一点点变化，对碳减排将会产生非常重要的影响。另外，那些由额外收入引起的高能源强度商品的消费对碳排放也存在不可忽视的促进作用。未来，降低居民相关碳排放不应强调减少消费，降低生活品质，应提倡低污染的生产过程、更加理性的消费以及对能源和交通系统的合理利用。塞吕拉等人（M. Cellura et al., 2011）[37] 结合使用能源及环境拓展 I-O 模型和 LCA 方法研究意大利 1999 ~ 2006 年居民消费的能源和环境影响，并找出受影响最大的生产部门。生产部门总能耗的 70% 用于满足居民对最终产品及服务的需求，尤其是服务业、电力天然气及水的生产供应业、公路运输业、食品和饮料业。居民对能源及非能源产品消费产生的二氧化碳排放主要来源于服务业、食品及饮料业、农林牧渔业。

综上所述，在 I-O 框架下，居民行业在经济环境领域的研究大致可以分为三类：（1）直接/间接能耗、碳排放核算；（2）外部因素对居民消费的影响评价；（3）居民消费变化对能源环境的影响评价。总体来说，通过宏观政策导向，推动生产系统的可持续化、低碳化改进，促进居民消费模型理性化变动是改善居民相关环境指标的最有效途径。

2.2　分解分析方法在能源环境领域文献综述

分解分析通常用来分解和量化导致某一变量变化的不同因素的贡献程度，常见的有指数分解分析（IDA）和结构分解分析（SDA）。在能源环境领域，两种方法都有较多的应用，相比之下，IDA 无论应用的范围还是自身模型的发展都较成熟。SDA 以投入 - 产出模型为基础进行因素分解，建模本身具有一定复杂性，有些分解模型（如乘法 SDA）的构建刚刚被提出，这在一定程度上影响了方法的应用规模。本节分别对上述两种方法在能源环境领域的研究进行综述。

2.2.1　指数分解分析方法在能源环境领域文献综述

1980 年，指数分解分析（IDA）开始用于研究导致能源消耗（也包括能源强度）变化的驱动因素。1991 年，IDA 的研究前沿面从能源消耗进一步扩大到能源相关二氧化碳及温室气体排放（温室气体）的研究。随着 IDA 在能源领域应用逐渐成熟，方法本身的发展也日渐成熟。各种各样的 IDA 方法和分解方式也逐渐消失，2000 年之后，标准的 IDA 方法被广泛应用于不同的研究之中。杜克锐和林伯强（2015）对中国 2002～2010 年能源消耗飞速增长进行分解研究，认为其中中国经济迅速增长因素的贡献率为 236%；产业结构改革、劳动力－能源替代效应以及技术效率变化是次要的促进能耗增长的因素；而技术进步和资本－能源替代效应是主要的抑制因素，贡献率分别为 22.4% 和 15.3%。费尔南德斯·冈萨雷斯等人（P. Fernández González et al.，2014）利用乘法 LMDI 方法对欧盟 27 个国家 2001～2008 年总能源消费变动情况进行研究。研究表明，能源效率的改善（12.629%）并不能抵消由于经济增长（14.872%）和生产结构变化（2.037%）引起的能耗增加的效应。欧洲东部及中部国家，如西班牙、爱尔兰、希腊的能耗增长尤为突出，主要是整个欧洲经济增长和本国生产结构变化所致。只有一些西欧国家的能耗由于能源效率和结构变化的综合效应，能耗显示出下降的走势。除了总能耗指标外，分解分析类文章也更为细致地涉及某一能源种类的消耗量及驱动因素的研究。基于煤炭的能量分流表，章景皓等人（2015）对导致中国 2001～2011 年煤炭消耗变化的 9 个因素进行加法分解分析，指出在重工业快速扩张的背景下，人均 GDP 的快速增长是最主要的促进因素，重工业，特别是钢铁、水泥工业是中国煤炭消费及其增长的主要来源，火力发电和煤炭终端利用燃烧能源效率的提高是主要的抑制因素。另外，2006 年前后，能源结构和能源强度效应由促进作用逆转为抑制作用，表明了中国近年来的调结构、节能相关政策作用于煤炭利用的有效性。

在生产部门和居民行业层面，重工业、交通运输业、居民（分为城镇和农村）能源消耗较多地被涉及。许金华等人（2012）研究了中国 1990～2009 年水泥行业的能耗增加的内在机制。其中，水泥产量是导致该行业能耗上升的主要因素，熟料配比以及过程结构效应则表现为抑制作用。这表明，中国关于关停淘汰落后产能并提高行业整体生产效率，达到了预期的理想效果。赛因鲍姆等人（C. Sheinbaum et al.，2010）使用国际比较和加法 LMDI 方法研究墨西哥 1970～2006 年钢铁行业能源使用和生产过程相关二氧化碳排放的变动情况，发现生产活动效应促使初级能源使用变化 227%，然而结构和效率因素分别使得初级能源使用下降 5% 和 90%。研究期内，燃料燃烧和生产过程相关二氧化碳排放增加 134%，除了结构和效率因素外，此时燃料配比效应也使得排放下降 4.2%。代应和高怀珠（2016）发现中国物流业从 1980～2010 年，能源消耗以年均 11.9% 的速度快速增长。其中，物流活动是促进其增长的首要因素，贡献率为 48.8%，公路运输燃料消耗是主要的物流业能源消耗来源，运输模式和运输强度也表现为促进的作用。相反，只有能源强度的改善在一定程度上抑制了该行业能耗的上升速度。刘增明和赵涛（2015）利用加法对数平均 Divisia 指数（LMDI）方法探索价格和花费因素对中国 1993～2011 年居民能源消费的影响情况，发现研究期内，中国居民能源消费呈现快速增长态势，特别是 2000 年之后，总增长额为 132 百万吨标煤。其中，收入效应贡献了大约 125 百万吨标煤的能耗增长，能源消费比例效应是第二大促进因素，贡献约 54.5 百万吨标煤的增长，能源强度是主要的抑制因素，贡献大约 93 百万吨标煤的能耗降低。能源结构、人口结构和总人口数效应都表现为弱正向促进效应。由于居民消费结构的变化，能源价格的下降抑制了居民能源消费。综合来看，无论是在国家还是行业层面，经济发展、产业活动水平都是导致能源消耗以及相关二氧化碳排放的最关键因素。相反，能源强度、技术进步以及效率提高是最主要的抑制因素，但并不足以抵消巨大的增长力量。中国能源环境相关绝对量指标的改善需要制订中长期规划和策略。

IDA 按照时空维度可以分为时间分解和空间分解，上述研究都属于时间分解。相较之下，属于空间分解的研究还较少。2014 年，马春波（2014）首次在 IDA 的框架中提出了空间分解的模型，研究空间分布对一个国家能源消费的影响。以由 29 省份组成的中国能源消耗为例，1995～2010 年，各省份燃料替代效应均表现为促进作用（除了天津市），各省份技术进步效应均表现为强抑制作用，大部分省份的工业结构调整促进了总能耗的增加（除了北京市和上海市），沿海发达城市的区域间人口转移效应促进了总能耗的增加，各省份的人均收入增加和人口增长效应均表现出了强促进作用。2016 年，洪明华（2016）等人提出了关于能源和二氧化碳排放的空间－时间 IDA 分解技术，并分别以十国 1990～2010 年电力生产总二氧化碳排放强度和中国 2002～2012 年 8 个经济区域总能源强度的变化作为案例进行实证分析。自此，空间－时间分解方法作为单纯的时间分解和空间分解方法的有益补充登上了能源环境研究领域的舞台。

2.2.2 结构分解分析方法在能源环境领域文献综述

早在 20 世纪 80 年代，SDA 就已应用于能源领域，如高迪和米勒（J. M.

Gowdy and J. L. Miller，1987）的研究。近年来，SDA研究的总数稳步增加。然而，由于全球范围内二氧化碳减排的普及，能源研究相对不足，尤其是2014年以来（Wang H，Ang B W，Su B，2017）。2010年之前的早期SDA研究和方法论发展可以参考罗斯等人（A. Rose et al.，1996）、苏斌等人（2012）的文献。SDA中有三种常用的分解方法，即传统的ad hoc方法、D&L方法和LMDI方法（Su B，Ang B W，2012）。传统的ad hoc分解方法一直应用于驱动力数量较大或在两阶段分解范围内的分解分析（Chang Y F，Lewis C，Lin S J，2008；Kim Y G，Yoo J，Oh W，2015；Lim H J，Yoo S H，Kwak S J，2009）。D&L及其近似方法普遍应用于能源/二氧化碳排放领域，具体体现在国家、地区和工业层面。LMDI由洪明华和崔（1997）提出，是IDA中第一个理想分解、SDA中第一个精确分解的方法。LMDI最早由瓦克斯曼等人（U. Wachsmann et al.，2009）在SDA中应用，洪明华（2015）提供了相关的实施指南。

近年来，LMDI逐渐应用于国家和地区的直接和间接能源/二氧化碳排放的SDA模型。结构分解分析（SDA）按照分解方式的不同，可以分为加法分解和乘法分解。在IDA的框架下，加法分解和乘法分解的应用都十分普遍。与之不同，在SDA框架下，由于模型方法发展尚未成熟，目前的研究绝大多数还是采用加法分解。IDA框架下，基本的分解因素为活动效应、结构效应和强度效应。SDA框架下，基本的分解因素为Leontief/Ghosh结构效应、最终需求效应、（能源/排放）强度效应。在大多数研究中，无论在全球层面、国家层面还是在区域层面，能源强度效应似乎是能源消费/强度变化的最大抑制因素，其往往受到技术进步的影响。生产结构效应在不同经济体、不同时间、不同行业的表现可能不同（Zhong S，2018）。一般来说，在发达经济体中，如韩国和智利，生产结构效应倾向于具有负面作用。然而，在发展中经济体中，如泰国、中国和巴西，发现了更多的积极影响。整体最终需求效应可拆分为最终需求结构效应和总最终需求效应。从整体角度来看，总最终需求是经济增长的重要指标，经常被认为是促进经济增长的主要驱动因素（Lenzen M，2016）。不同经济体面临着一个共同而艰巨的任务，即把经济发展与化石燃料消耗增长脱钩。受韦伯（C. L. Weber，2009）的启发，相对脱钩的原因可能是最终需求结构的转变，而不是能源强度的降低。从结构角度来看，最终需求结构被认为间接决定了产业结构。西班牙的实证研究证明，最终能源需求的结构效应会有效降低能源总产量（Llop M，2017）。

SDA方法基于投入－产出模型建立，以投入－产出表为原始数据基础，其中隐含着一个重要假设，即进口假设。当我们假定进口产品与国内产品具有相同的技术产出比等特性时，实际上是遵循了竞争型进口假设，否则就是非竞争型进口假设。两种不同的进口假设适用于不同的问题研究。

基于竞争型进口假设，有学者在混合 I-O 框架下研究泰国节能政策的有效性，并对其在 1995～2010 年的隐含能源消耗进行加法 SDA 分解（T. Supasa et al.，2016）。研究表明，只有少数几个部门的能源强度指标得到改善，并且最终需求效应是决定节能政策能否发挥作用的关键因素，能源效率效应对本国能源消耗的控制作用有限，特别是在研究期内，出口产生能源消耗快速增加并且超过居民能源消费。瓦克斯曼等人（2009）基于供给 - 使用表（SUT）对巴西生产部门和居民 1970～1996 年能源消耗的增长进行 8 因素结构分解分析。研究表明，巴西正向服务导向型经济发展，经济发展、人口以及行业关联是其能耗增加的主要原因，相反，能源强度以及居民人均能耗对国家总能源使用的增加有一定的抑制作用。夏晓华等人（2015）分析了城市新陈代谢和层级结构对能源相关温室气体排放的内在影响（8 因素 SDA）。以北京市为例，部门间前后向关联、最终需求结构以及水平效应表现为促进作用，相反，温室气体排放强度、能源强度、产业结构以及最终需求产品组合表现为抑制作用。除此之外，行业维度关于不同影响因素对总温室气体排放的贡献程度也被详细列出，以便决策者有针对性地制定政策。

在非竞争型进口假设下，苏斌等人（2017）研究了新加坡 2000～2010 年能源相关碳排放由 37.8 百万吨上升到 44.4 百万吨的原因。该国碳排放表现出强烈的出口驱动型特点，出口产生碳排放占总碳排放近 2/3，相应的出口导向型工业行业的碳排放增长也十分迅速。除了出口之外，居民相关碳排放占比近 1/4，其中高收入家庭极大促进了直接碳排放的增长，中等收入家庭极大促进了隐含碳排放的增加。排放强度效应是抑制该国碳排放上升的主要因素，其余因素均表现为正向促进作用，总最终需求效应是最主要的增长因素。谢士晨（2014）基于能源 I-O 模型认为中国目前能源使用的增长具有投资拉动型特征。1992～2007 年，固定资本投资、居民消费和出口几乎构成了导致中国总能耗增长的全部来源。2007～2010 年，中国 3/4 能耗的增长来源于投资活动。1992～2010 年，技术进步平均每年对中国能耗的降低率仅为 5%。因此，中国未来节能的重点聚焦在最终需求结构调整上。从进出口贸易角度，邓光耀等人（2016）对中国在 1995～2009 年隐含在国内商品消费、进口以及出口中的空气污染物（如二氧化碳、甲烷、一氧化二氮、氮氧化物等共 8 种）排放水平及其变动情况进行 SDA 分析。研究期间，总隐含空气污染物排放量呈上升趋势，8 种空气污染物中二氧化碳排放水平最高。整体而言，出口产生的排放水平高于进口导致的排放量。空气污染物直接排放因子是主要的抑制因素，相反，生产结构因素、国内消耗以及贸易因素发挥了正向作用。总体来说，竞争型进口假设是一种近似手法，将进口产品与本国生产产品做同质化处理，在不同的研究中，这种"近似"对结果产生的影响程度可大可小，视具体问题而定。在研究贸易相关能源环境问题时，由于不同国家地区生产技术水平、环境污染水平的不同，更加建议使用非竞争型进口假设。

SDA 除了可以研究产业关联的影响程度外，与 IDA 相比，另一个优势就是可以进行二阶分解，即对 Leontief/Ghosh 结构效应进行再次分解。米勒和布莱尔（R. E. Miller and P. D. Blair，2009）指出 Leontief 生产结构内含两个变化因素，一个是 Leontief 逆矩阵的变化，另一个是生产技术系数矩阵的变化。费雷拉·内托等人（A. B. Ferreira Neto et al.，2014）在研究 3 个发展中国家（即巴西、中国和印度）和 3 个发达国家（即德国、英国和美国）需求对能源投入的影响过程中，将生产结构效应二次分解为非能源投入技术变化效应（即原材料的替代效应）以及能源投入技术变化效应（即能源种类间的替代效应）。发现在 1995～2005 年，只有德国和英国的能源使用呈下降趋势，而只有中国和英国的可再生投入的使用量是下降的，并且巴西、中国和美国煤炭的使用量是上升的。居民生活质量因素对于各国能源使用的提高都起到了正向作用，特别是发展中国家和美国，相反，居民分配效应起到了一定的反向作用。另外，各国能源替代效应均起到抑制作用，巴西、印度和德国的非能源替代效应起到促进能源使用的效果。整体来看，除了巴西以外，技术效应整体表现为抑制作用。因此，能源替代效应对技术变化的影响更为关键。伍亚和张婉莹（2016）在研究中国 1997～2012 年煤炭需求增长的 3 个影响因素（即国内需求、国际贸易、产业升级）时，进一步将国内需求效应分解为最终需求替代效应和中间需求替代效应。发现在研究期内，中国煤炭需求共增长 153.3%，其中国内需求和国际贸易的促进程度分别为 185.4% 和 76.4%，而产业升级效应抵消了 108.6%。整体来看，需求替代效应呈现明显的抑制作用，但不足以扭转需求增长效应的强大促进作用。利姆等人（H. J. Lim et al.，2009）在研究韩国 1990～2003 年二氧化碳排放的变化因素时，将生产结构逆矩阵二次分解成中间－进口产品变化效应以及投入结构变化效应。能源强度以及国内需求增加使韩国在 1995～2000 年二氧化碳排放量下降，在 2000～2003 年，由于出口的增加，碳排放量又出现反弹。总体来说，经济增长是碳排量增加的主要原因。

从时空维度的角度看，不仅存在前面综述的时间 SDA 研究，也存在空间 SDA 研究。最早的空间 SDA 研究是 1993 年普鲁普斯等人（J. Proops et al.，1993）[161]研究德国和英国二氧化碳排放的差异。以能源/碳排放为研究对象的空间 SDA 研究数量不多。阿尔坎塔拉和杜阿尔特（R. Duarte，2004）考察了欧盟 14 国之间排放强度的差异。基于 SDA 分解结果，不同国家表现出了不同的特征，有些国家属于高排放强度、高生产结构效应影响，有些国家属于高排放强度、低生产结构效应影响，还有些国家属于低排放强度、高生产结构效应影响。没有一个国家在强度效应、结构效应和需求效应三个方面都表现良好，因此，差异化经济 – 环境政策更加被提倡。苏斌和洪明华（2016）针对两个及以上区域间进行空间 SDA 分别就加法和乘法方法提出了具体的模型框架，并以中国 30 个省份（不包括港澳台和西藏）二氧化碳排放作为案例进行分析，结果表明福建省是排放强度效应和 Leontief 结构效应表现最好的省份，海南省是最终需求结构效应中表现最好的省份。基于空间 SDA 分解结果，对 30 个省份的排放表现进行排名，综合表现最好的省份是福建省。

此外，从方法组合的角度看，基于 IDA 提出的归因分析已经被引入 SDA 框架中，以在行业层面对变化进行归因。由已获得的大量结果可知，归因分析已在加性分解框架和乘法 LMDI 中得到广泛应用。在 SDA 框架下，有一些基于加法 SDA 的归因分析研究直接从分解公式中提取个体效应[86,196,214]。然而，由于整体效应归因困难，基于乘法 SDA 的归因分析研究较少。在乘法 SDA 中，常用的分解方法是乘法的 D&L，这与 IDA 中的广义 Fisher 指数相同。在此基础上，苏斌和洪明华（2014）对 SDA 中广义 Fisher 指数的归因分析进行了扩展，从而在具体行业层面提供了乘法分解效应。随着方法论的发展，归因分析在乘性分解研究中发挥着更大的作用。

本节关于 SDA 的文献综述，除了苏斌和洪明华（2016）的研究同时涉及了加法和乘法分解方式外，均属于加法分解分析。相较之下，属于乘法 SDA 的研究较少，特别是在 2010 年之前。2015 年，在 Leontief 投入 – 产出框架和 Ghosh 投入 – 产出框架下，苏斌和洪明华（2015）提出了广义乘性 SDA 框架。近年来，乘性 SDA 逐渐被用于在不同层面分解强度指标的变化，如能源/排放强度[181,222,228]和整体隐含强度。

2.3　其他方法在能源环境领域文献综述

除了 I-O 模型和分解分析模型外，在能源环境领域的研究中，计量经济学方法相关研究是另一大分支，即利用统计推断方法对不同变量之间的关系进行数量估计。默勒（N. F. Møller，2017）利用协整 VAR 模型对丹麦 8 个经济部门 1966～2011 年电力与其他能源（如液化燃料、煤炭、焦炭、天然气、集中供热和生物质能源）的长期需求关系进行研究。统计结果表明，全部部门存在电力与其他能源间的长期需求关系，有 5 个部门表现出价格弹性稳定特征。基于上述结果进行脉冲响应实验发现，税收手段有利于促进电力对化石能源的替代。与多因素分解分析研究类似，王平等人（2013）借助拓展 STIRPAT 模型研究 8 个影响因素对广东省 1980～2010 年能源相关二氧化碳排放变化的影响程度。其中，人口、经济水平、城镇化水平、工业化水平、服务水平对研究期内的碳排放有明显的促进作用。同时，能源消费结构、对外开放程度、技术水平则起到抑制二氧化碳排放增长的作用。基于估计的弹性系数值表明，人口这一因素的影响程度最大，抑制性因素的影响则较弱。

基于面板数据模型，凯斯和萨米（S. Kais and H. Sami，2016）研究了 58 个国家 1990～2012 年经济增长和能源使用对碳排放的影响。实证研究表明，对所有的面板数据而言，能源使用对碳排放都有正向作用。人均 GDP 对全球碳排放有正向和统计显著作用。并且，实证结果显示碳排放与人均 GDP 间存在着倒"U"型曲线关系。为研究巴西用电安全问题，卡夫拉尔等人（J. A. Cabral et al.，2017）基于巴西各区域电力消费具有空间独立性特点，提出空间 ARIMA 模型对巴西的电力消费进行预测估计。研究表明，基于空间 ARIMA 模型的预测结果较实际值有小幅高估的情况，属于成本有效性估计，并且预测效果要优于普通的 ARIMA 模型（使用该模型的预测会出现大幅低估的情况，不利于能源财政安全保证）。类似的预测研究还有巴拉卡和 S. S. 萨迪克（S. Barak and S. S. Sadegh，2016）提出的 ARIMA-ANFIS 模型用于对能源消费的预测，该模型同时继承了 ARIMA 模型对线性部分的处理优势以及 ANFIS 模型对非线性部分的处理优势。大体来说，计量经济学方法在能源环境领域的应用研究大体可以分为两类，一类是探索变量间（两变量或多变量间）在长/短期内存在的某种联系（如因果关系、正相关、负相关等）；另一类是预测研究。与分解分析方法相似的是，空间计量经济学方法作为传统的时间计量经济学方法的有益补充也逐渐流行起来，越来越多的研究对象被发现具备时空上的某种特征与联系。[205]

在对能源、可持续（即环境友好地发展经济）的研究中，数据包络分析（DEA）是较为常见的方法之一。随着能源与环境问题的日益严峻，采用 DEA 方法的研究在 2000 年之后在数量上呈现快速增长趋势。[185]阿拉比等人（B. Arabi et al.，2014）[25]基于 Malmquist-Luenberger（ML）指数提出了以新的松弛变量为基础的 DEA 模型并用以评价伊朗电力行业采购重组对电厂的影响。研究表明，重组对于不同的电厂的影响不同，但技术改善提高了电力部门整体的生态效率，并且电厂的效率与生态效率存在着紧密联系。因此，研究建议在效率分析中综合考虑环境因素是必要的。俞妍和温宗国（2010）对中国 2007 年 46 个典型城市进行城市环境可持续性评价，以水供给和能源消耗作为投入变量，以 GDP 和非农业产值作为期望产出，以年废水排放、硫氧化物和固体废弃物作为非期望产出进行 DEA 模型构建。评价结果显示，中国 24% 的样本城市相对具有城市可持续性。另外，人均 GDP、城市规模以及产业结构对城市环境可持续性的影响较大。城市可持续性具有明显的地区化差异，中国东南部城市表现更好，渤海附近的城市表现提高较快。DEA 方法除了单独使用于评价研究外，有时也会与其他方法联合使用。马丁 – 甘博亚等人（M. Martín-Gamboa et al.，2017）结合使用生命周期方法和 DEA 对能源系统的可持续性进行评价。新模型的优势在于 DEA 建模过程中融合一些生命周期指标，且根据使用动态 DEA 的可持续准则对不同能源情景进行排序。总体来说，在能源环境领域，DEA 的应用研究对象大体分为三类：一是电力行业相关效率评价，二是能源效率评价，三是环境评价。从模型发展来看，模型构建也越来越复杂，更多的研究同时涉及了期望产出和非期望产出，有些研究的投入变量也被细分为自然处置性下的投入以及管理处置性下的投入。

可计算一般均衡模型（CGE）既能够对宏观经济 – 社会 – 环境系统进行综合模型构建，也可以对某些政策进行模拟研究。在国家/地区层面上，有学者[227]利用 CGE 模型研究了马来西亚两项二氧化碳减排政策的经济影响，一个是征碳税，另一个则是设置部门排放标准（M. Yahoo and J. Othman，2017）。在模型构建过程中，该研究去除了对石油制品的政策补贴，模拟结果显示当征收碳税和去除补贴由于收入返还而增加时，可再生能源的产量便提高了。在行业层面上，刘宇等人（2017）采用环境 CGE 模型研究了中国环境保护部门为火电厂设置新的排放标准短期内对国家环境和经济的影响。模拟结果表明，新的排放标准会使得二氧化硫和氮氧化物的排放每年分别下降22.8%和11.4%，这是减排技术改善以及煤炭消费量急剧减少的结果。另外，新的减排标准也会使得目标年份 GDP 降低 0.2%。鉴于服务和商品价格以及最终需求结构的变化，新的减排标准还会通过减少消费需求对控制通货膨胀做出贡献。由此可见，基于 CGE 模型得到的研究结果十分丰富且具体，这是由于其本身具备庞大信息量的数据基础——社会核算矩阵（SAM）。利用 CGE 模型进行实际问题的模拟研究的难点之一也是 SAM 表的编制与配平工作。

2.4 文献评述

本章分别综述了投入 – 产出模型、分解分析方法以及其他方法（即计量经济学方法、数据包络分析方法、可计算一般均衡模型）在能源环境领域的应用研究。图 2 – 1 总结了本章研究综述中涉及的研究方法及研究方法组合。其中，研究方法组合通过灰色虚线框表示，灰色虚线连接的黑色线框表示这些黑色线框内研究方法的组合，如多区域环境 I-O 模型、基于能源 I-O 模型的生命周期评价等。

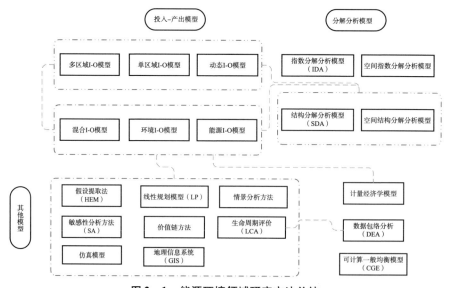

图 2 – 1   能源环境领域研究方法总结

　　基于 I-O 模型进行的研究，能够对经济 – 社会 – 能源 – 环境系统进行建模和探索，主要的研究优势在于基于产业关联理论，同时研究直接和间接作用对能源及碳排放的影响。作为数据基础的投入 – 产出表既可以被直接使用用于研究，又具有相当的灵活性，适时地增加研究信息以适应新的研究。投入 – 产出模型本身具有很好的兼容性，可以和诸多研究方法结合使用，结合后的方法组合通常继承两种方法的优点以解决新的难题。然而，I-O 表的发布通常都会较晚，单纯的 I-O 分析属于事后分析，政策建议具有一定的滞后性。

　　在分解分析框架下，IDA 的优势是能够对连续历史年份数据进行分析，数据要求低，方法应用较为灵活。SDA 基于 I-O 模型，较 IDA 而言，能够同时研究直接影响和间接影响因素带来的影响，且可以探究生产/分配结构变化对能源环境系统的影响。相应地，SDA 的弱势在于模型构建以及数据基础的复杂性。

　　基于计量经济学方法得到的研究结果是理论在实际数据中的具体表现，研究结果的稳定性和准确性对模型假设和数据输入的依赖性极大。在考虑进随机问题时，得到的结果具有概率特征，即不确定性。可计算一般均衡模型由于其庞大的数据基础和模型构建系统，通常可以同时对多系统进行研究分析，并得到丰富的研究结果。无论是历史数据分析还是模拟预测未来政策影响，该模型都可以胜任。主要的不足在于 SAM 表的编制与配平的复杂性以及一些关键研究参数的确定，通常需要研究者对拟研究系统的内在运行机理熟练掌握，以便通过经验确定一些关键数据的估计任务。数据包络分析类研究主要的不足在于模型构建以及研究假设随意性，至今尚无标准建模程式，各种 DEA 模型层出不穷。但方法本身的发展是十分迅速的，从最初只有投入和产出变量，到现在与各种指数理论结合，并细分各投入、产出变量。

　　鉴于上面的研究方法分析，本书在投入 – 产出框架下进行经济 – 能源 – 环境研究时寻找新的方法组合以克服上述研究缺陷。在分解分析方法中，建议选择使用结构分解分析方法，以便得到更加全面的影响因素及各种因素的影响程度数值。

第3章 理论基础和研究方法

3.1 投入－产出模型概述

3.1.1 里昂惕夫投入－产出模型

1925 年，华西里·里昂惕夫（Wassily Leontief）在柏林大学学习时，写过一篇题为《俄国经济的平衡——一个方法论的研究》的短文，第一次阐述了投入－产出模型的基本思想。投入－产出思想的渊源可以追溯到重农学派魁奈的名著《经济表》。1936 年，华西里·里昂惕夫发表了《美国经济体系中投入产出的数量关系》一文，阐述了有关美国 1919 年第一张投入－产出表的编制工作、投入－产出理论和相应的模型。除了投入－产出表，数理经济学派里昂·瓦尔拉斯（Léon Walras）和维尔弗雷多·帕累托（Vilfredo Pareto）的全面均衡理论和数学方法在经济学中的应用构成 Leontief 体系的基础。具体来讲，某一经济系统各个部门间的数量依存关系是通过一个线性方程组来描述的，不同的经济结构特点通过方程组中的系数来反映。

20 世纪三四十年代，里昂惕夫将工作集中在投入－产出表的编制以及充实与完善投入－产出理论，主导和编制了美国 1919 年、1929 年、1939 年和 1947 年的国民经济投入－产出表。1947 年，里昂惕夫利用投入－产出模型寻找物价－工资－利润关系的内部逻辑，分析研究不同工资增长率、利润增长率下的美国经济的一般结构关系。

20 世纪五六十年代，在基本解决投入－产出表编制问题之后，里昂惕夫进一步探索运用这一方法研究不同局部或个别环节的经济问题的途径。如 1953 年，在美国经济各种部门结构的详细数量资料日益完善以及大规模运算技术日益成熟的基础上，利用这一方法研究美国与世界其他国家贸易关系的结构基础；1963 年，利用经济体内部商品和服务的流量数据，研究导致国家发展程度不同的经济体内部发展结构；1964 年，提出以投入 – 产出表数据为基础，利用投入 – 产出方法改进经济预测的建议，这一方法使得决策者能够考察一项计划的间接影响。相关研究还包括动态分析、成本与价格、地区间经济关系等。

20 世纪 70 年代至今，很多国家都编制本国的投入 – 产出表来对本国经济进行研究，投入 – 产出模型也被用于研究世界范围的经济问题，特别是发达国家与发展中国家之间的经济关系以及世界各国的环境污染问题。1973 年，里昂惕夫在接受诺贝尔经济学奖金时的学术报告——《世界经济结构的简单的投入产出表述纲要》和 1977 年发表的《世界经济的未来》一书，都是探讨环境污染问题和预测 21 世纪世界经济变化的著作。自从扩展的投入 – 产出模型被证明可以应用于环境领域之后，很多研究在投入 – 产出框架的基础上对能源和排放进行了结构分解分析。

3.1.2　高希投入 – 产出模型

在完全竞争市场和非稀缺资源的条件下，假设通过生产函数（production functions）表达的技术因素（technical factors）不变，这时，市场上不存在稀缺要素，且生产供应者能够在现有价格基础上提供任何商品，里昂惕夫投入 – 产出模型是可以近似模拟现实的。因此，里昂惕夫投入 – 产出模型考虑了这样一种情况：在短时期内，经济系统内大部分部门的生产有相当大的未使用容量。在这样的情况下，供给曲线是十分富有弹性的，最终需求的变化不会导致价格的变动，自然也就不会发生有限供给的问题。可见，里昂惕夫投入 – 产出模型是由需求方驱动的，最终需求的变化通过技术因素导致部门总产出/总投入的变化。

上述里昂惕夫投入 – 产出模型显然忽略了由分配函数（allocation functions）表达的市场因素（market factors）的作用。尤其在垄断市场和存在稀缺资源的条件下，分配函数在决定任一部门所采用的生产过程和组合上起到了主导作用，这时，生产函数则起到了次要作用。1958 年，高希（A. Ghosh，1958）使用分配函数建立了一个与里昂惕夫投入 – 产出模型相似的模型——高希投入 – 产出模型。高希投入 – 产出模型更加适用于中央集权下的计划经济。在此情形下，物质资源和生产能力均为有限的，但劳动力供应却是充足的。中央集权决定每个部门的分配清单，寻找最优分配方式，以国家和社会福利最大化为最优函数，以服从可能的生产组合为约束条件。这也就保证了分配函数相对生产函数起到更有决定性的作用。这时的分配函数未必能使各部门达到最优的生产组合，但资源得到了更合理的利用，国家和社会福利实现了最大化。还需要指出的是，在高希投入－产出模型中技术因素不变性不能保证，此时，最终需求的变化是会导致生产技术系数随之变化的。与里昂惕夫投入－产出模型相对，高希投入－产出模型是由供应方驱动的。

3.1.3 里昂惕夫投入－产出模型和高希投入－产出模型的差异与联系

通过上面的介绍可以看出，里昂惕夫（Leontief）投入－产出模型与高希（Ghosh）投入－产出模型核心思想相同，且均以投入－产出表为数据基础，但又有各自的侧重，反映经济系统不同的侧面。为深入、全面了解两个模型的异同，先引入两个模型的基本表达式，如表 3－1 所示。

表 3－1　　　　里昂惕夫和高希投入－产出模型基本表达式

模型	里昂惕夫投入－产出模型	高希投入－产出模型
数学表达式	$x_i = \sum_{j=1}^{n} x_{ij} + y_i$	$x_j = \sum_{i=1}^{n} x_{ij} + VA_j$
矩阵形式	$X = (I - A)^{-1} \cdot Y$	$X^T = VA(I - A')^{-1}$
技术系数	$a_{ij} = \dfrac{x_{ij}}{x_j}$	$a'_{ij} = \dfrac{x_{ij}}{x_i}$

表 3－1 中，x_i 表示部门 i 的总产出；x_{ij} 表示 j 部门生产时消耗 i 部门产品的价值量；y_i 表示 i 部门最终需求（包括居民和政府消费、投资、净出口）；a_{ij} 是 Leontief 投入－产出技术系数，表示 j 部门单位产值中对 i 产品消耗的价值量；x_j 表示部门 j 的总投入；VA_j 表示部门 j 的增加值合计。a'_{ij} 是 Ghosh 投入－产出技术系数，表示 i 部门的总产出分配给 j 部门的份额；X 是总产出矩阵；A 是 Leontief 技术系数矩阵；Y 是最终需求矩阵；VA 是部门增加值矩阵；A' 是 Ghosh 技术系数矩阵；I 是单位矩阵。

由表 3－1 中的数学表达式可以初步看出，两个模型对经济系统考察角度不同：前者以需求方为起点，对总产出进行分解分析；后者以供应方为起点，对总投入进行分解分析。由模型的矩阵形式可以看出，Leontief 模型中最终需求 Y 作为自变量，通过技术因素影响总产出 X；Ghosh 模型中部门增加值 VA 作为自变量，通过技术因素影响总投入 X。基于前面的介绍，表 3-2 总结了这两个相互独立模型的区别与联系。

表 3-2　　　　　　　　里昂惕夫和高希投入-产出模型的区别与联系

模型	里昂惕夫投入-产出模型	高希投入-产出模型
基本假设	生产结构稳定性假设：投入-产出表中各生产部门的投入与产出的关系始终维持一个固定比例（即 a_{ij} 不变）	分配结构稳定性假设：投入-产出表中各生产部门间的产出分配是固定的（即 a'_{ij} 不变）
内含假设	各生产要素充足，供应随需求的变化具有完全弹性	各生产要素间完全替代，需求随供给的变化具有完全弹性
适用环境	适用于完全竞争市场，不存在稀缺性要素，短时期内，需求的变动不会引起价格的变动	适用于垄断市场，且存在稀缺性要素，供给的变化是通过价格因素来影响总投入的
研究出发点	以最终需求 Y 为起点	以部门增加值或初始投入 VA 为起点
外生变量	最终需求 Y	部门增加值 VA
内生变量	总产出 X、中间投入 Z、部门增加值 VA	中间投入 Z、最终需求 Y、总投入 X
前/后向联系分析	适用于研究后向联系（追溯投入的来源）	适用于研究前向联系（考察部门产出的去向）
联系	（1）两个模型的核心思想相同，均以生产当前产品需要投入其他产品，即产业关联为核心思想 （2）里昂惕夫投入-产出模型与高希价格模型的等价性	

表 3-2 中出现的前向/后向联系分析具体指：后向联系（backward linkages）旨在测量买方部门 j 购买中间投入和初始投入的独立性；前向联系（forward linkages）考察卖方部门 i 对买方部门 j 和最终需求的独立性。应用中，通过计算不同的乘数来进行相关的前/后向分析。由于 Leontief 模型从需求的角度出发，对总投入进行分解，因此适用于后向联系研究；Ghosh 模型从供给的角度出发，追溯总产出的不同去向，因此适用于前向联系研究。

尽管两种模型具体适用环境不同，研究角度不同，但模型建立的基本思想相同，即以各部门的生产需以其他部门的投入为前提，各生产部门之间存在部门关联，并且整个经济系统满足一般均衡理论。有学者证明了将 Ghosh 模型解释为价格模型时，它与 Leontief 价格模型的等价性（E. Dietzenbacher，1997）。此证明将在 3.1.4 节展开。

3.1.4　高希（Ghosh）模型与里昂惕夫（Leontief）价格模型的等价性

Leontief 投入 – 产出价格模型可以表示为：

$$P = PA + W\hat{X}^{-1} \tag{3-1}$$

其中，P 中元素 p_i 表示单位商品 i 的价格，W 中元素 w_i 表示部门 i 初始投入成本，$\hat{X}$ 表示主对角线上元素为 X 的对角矩阵。

式（3-1）表明以 P 表示的生产成本分为中间投入成本和初始投入成本。在生产结构不变（即 a_{ij} 不变）、部门总产出（x_i）不变的情况下，一个新的初始投入成本（W_N'）将会产生一个新的价格矢量（P_N'），并且满足：

$$P_N' = P_N' \cdot A + W_N' \cdot X^{-1} \tag{3-2}$$

由于数量固定，新的总产出价值可以由 $P_N' \cdot \hat{X}$ 得到：

$$P_N' \cdot \hat{X} = P_N'A\hat{X} + W_N' = P_N'\hat{X}\hat{X}^{-1}A\hat{X} + W_N' \tag{3-3}$$

令 $X_N' = P_N'\hat{X}$ 表示新的总产出价值量；$A' = \hat{X}^{-1}A\hat{X}$，得：

$$X_N' = X_N'A' + W_N' \tag{3-4}$$

式（3-4）即为 Ghosh 投入 – 产出模型的矩阵形式，至此已经证明将 Ghosh 模型解释为价格模型时，它与 Leontief 价格模型具有等价性。其中，A' 为 Ghosh 模型中的技术系数；W_N' 为各部门初始投入，也即各部门增加值；X_N' 为通过价值形式表现的总投入。

通过上面的证明可以更加深入地看到，Ghosh 投入 – 产出模型在研究部门增加值 VA 变动对部门总投入 X 价值的影响时，主要关注价格因素，并且假定生产数量固定；相反，Leontief 投入 – 产出模型在研究最终需求 Y 引起总产出 X 的变化时，主要关注生产数量这一因素，并且假定短时期内价格稳定。可以说，两个模型几乎是镜面对称的，它们不同的出发点研究同一经济系统的不同侧面，不能单纯地对哪一种模型更加有效、更加准确下定论。有学者[31]使用英国数据对需求方（demand-side）和供应方（supply-side）投入 – 产出模型进行相对稳定性分析（R. Bon and X. Bing，1993），发现在总产出预测方面，需求方模型表现更好；但对于多部门情况，供应方模型表现更好。特别对于成熟经济部门，如农业、采矿业和建筑业，供应方模型能够更好地预测。作者认为在决定某个经济系统或部门多大程度上是需求驱动、多大程度是供应驱动时，应该同时使用上述两个模型。

3.2 基于投入–产出模型的结构分解分析方法概述

按照分解方式的不同，结构分解分析（SDA）可以分为加法分解和乘法分解。加法分解即将待分解指标的变化量分解为不同因素影响加和的形式，如式（3–5）：

$$D_{tot} = D_t - D_{t-1} = D_1 + D_2 + \cdots + D_n + e \qquad (3-5)$$

其中，D_{tot} 表示指标在 t 时间相对于 $t-1$ 时间内的变化量；D_t 表示指标在 t 时间的数值；D_{t-1} 表示指标在 $t-1$ 时间的数值；D_n 表示第 n 个影响因素对指标变化量的贡献数值（$n=1$，2，$\cdots$）；e 表示分解余项（在完全分解和理想分解的情况下，该项为零）。

在能源领域中，一些绝对指标（如总能源消耗、居民间接二氧化碳排放等）的变化研究通常选用加法分解；在指数分解分析（IDA）中，加法分解和乘法分解都得到了十分广泛的应用。在 SDA 中，由于方法模型发展的问题，加法分解相较于乘法分解而言应用更为普遍，其应用范围涵盖国家/地区维度、行业维度以及居民生活消费维度。

乘法分解即将待分解指标的变化量分解为不同因素影响乘积的形式，如式（3–6）：

$$D_{tot} = \frac{D_t}{D_{t-1}} = D_1 \times D_2 \times \cdots \times D_n \times e \qquad (3-6)$$

在能源研究领域，一些强度指标（如总能源消耗强度、总温室气体排放强度等）的变动研究更适合使用乘法分解的方式。乘法结构分解分析由于模型本身的复杂度限制，其应用研究相对较少。2012 年之前，其应用领域主要为经济领域。2012 年之后，乘法 SDA 方法的应用研究出现在能源/二氧化碳排放研究领域中，但研究的数量较少，且研究的指标多为能源消耗强度。

3.2.1 时间结构分解分析方法

从时空角度出发，结构分解分析可以分为时间结构分解分析和空间结构分解分析。时间结构分解分析主要是研究导致某一研究对象能源环境指标随时间发生变化的影响因素及影响程度。空间结构分解分析主要是探索导致多个研究对象间在某一时间内能源环境指标地区间差异的影响因素和影响程度。较空间结构分解而言，采用时间结构分解分析的研究更为丰富。基于不同研究假设组合下的时间分解基本模型可以参考苏斌等（2015）的文献。

标准的 Leontief 投入 – 产出模型可以表示为：

$$X = Z \cdot 1 + Y \tag{3-7}$$

其中，X 是总产出列向量；Z 是中间投入矩阵；Y 是最终需求列向量。另外有 $A = Z \cdot (\hat{X})^{-1}$ 是直接消耗系数矩阵，将式（3 – 7）重新移项组合得到如式（3 – 8）所示的 Leontief 投入产出模型：

$$X = (I - A)^{-1} Y = LY \tag{3-8}$$

其中，$L = (I - A)^{-1}$ 是完全需求系数矩阵，也称 Leontief 逆矩阵。

用 $f_v = (\hat{v})^{-1} \cdot c$ 表示碳排放强度向量，其中，v 是增加值列向量，c 是碳排放列向量。因此，总碳排放量 C 可表示为：

$$C = f_v' v = f_v'(\hat{k} \cdot X) = f_v'(\hat{k} \cdot L \cdot Y) \tag{3-9}$$
$$= f_v' H \cdot Y$$

其中 $k = (\hat{X})^{-1} \cdot v$ 是直接初始投入系数向量，$H = \hat{k}L$ 是初始投入需求系数矩阵。

在 Leontief 投入产出框架下，GDP 可以用生产法来计算：

$$GDP = 1'v = 1'(\hat{k} \cdot X) = 1'(\hat{k} \cdot L \cdot Y) \tag{3-10}$$
$$= 1' \cdot H \cdot Y$$

因此，碳排放强度 r 可以表示为：

$$r = \frac{C}{GDP} = \frac{f_v' H \cdot Y}{1' \cdot HY} = \frac{f_v' H \cdot S_Y}{1' \cdot HS_Y} \tag{3-11}$$

其中，$S_Y = \dfrac{Y}{1'Y}$ 是最终需求结构向量。

在时间结构分解分析中，假设 V 为一个地区的整体指标，整体指标从时间 0 到时间 1 的变化可以分解为 m 个影响因素的结果，加法分解和乘法分解的表达式分别如下：

$$\Delta V_{tot} = V^1 - V^0 = \sum_{i=1}^{m} \Delta V_{x_i} \tag{3-12}$$

$$D_{tot} = \frac{V^1}{V^0} = \prod_{i=1}^{m} D_{x_i} \tag{3-13}$$

其中，ΔV_{x_i} 和 D_{x_i} 分别是加法分解和乘法分解中因素 x_i 产生的效应值。当使用完美分解方法时，式（3-12）和式（3-13）中不含残差项。

在加法分解框架下，式（3-9）中碳排放的变化可以分解为：

$$\Delta V_{tot} = C^1 - C^0 = V_{f_v} + \Delta V_H + \Delta V_Y \qquad (3-14)$$

其中，ΔV_{tot} 是碳排放变化的总效应，ΔV_{f_v} 是加法碳排放强度效应，ΔV_H 是加法生产结构效应，ΔV_Y 是加法最终需求效应。

同时，在乘法分解框架下，式（3-11）中碳排放强度的变化可以分解为：

$$D_{tot} = \frac{r^1}{r^0} = D_{f_v} D_H D_{S_Y} \qquad (3-15)$$

其中，D_{tot} 是碳排放强度变化的总效应，D_{f_v} 是乘法碳排放强度效应，D_H 是乘法生产结构效应，D_{S_Y} 是乘法最终需求结构效应。

3.2.2 空间结构分解分析方法

空间结构分解分析侧重于比较任意两个区域之间整体指标的空间差异，以区域 R_1 和 R_2 为例，可以用 $\Delta V^{(R_1-R_2)}$ 或 $D^{(R_1-R_2)}$ 来衡量 V^{R_1} 和 V^{R_2} 的空间差异，如式（3-16）和式（3-17）所示。

$$\Delta V^{(R_1-R_2)} = \sum_{i=1}^{m} \Delta V_{x_i}^{(R_1-R_2)} \qquad (3-16)$$

$$D^{(R_1-R_2)} = \frac{V^{R_1}}{V^{R_2}} = \prod_{i=1}^{m} D_{x_i}^{(R_1-R_2)} \qquad (3-17)$$

其中，$\Delta V_{x_i}^{(R_1-R_2)}$ 和 $D_{x_i}^{(R_1-R_2)}$ 分别是加法分解和乘法分解中由驱动因素 x_i 产生的效应值。在完全分解中，式（3-16）和式（3-17）不含残差项。

对于多区域比较，有三种空间分解方法，即双边区域（B-R）、径向区域（R-R）和多区域（M-R）方法。洪明华等（2015）阐述了以上三种方法的详细说明和特点分析。[22] 值得注意的是，考虑到计算次数、基准客观性、结果丰富性和稳定性，M-R 方法更值得采用。如图 3-1 所示，通过将研究区域与基准区域直接比较可以间接得到研究区域间的空间差异。

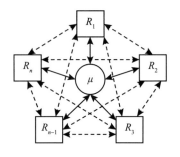

$$\mu=average\{R_1,R_2,\cdots,R_n\}$$

图 3 – 1　空间结构分解分析的多区域（M-R）方法概念

资料来源：Su B, Ang B W. Multi-region comparisons of emission performance：The structural decomposition analysis approach［J］. Ecological Indicators，2016，67：78 – 87.

因此，在投入－产出框架下，采用基于 M-R 方法的空间结构分解分析对区域 R_1 和 R_2 间能源/环境指标的空间差异进行分解研究，可以表示为式（3 – 18）和式（3 – 19）。

$$\Delta V_{x_i}^{(R_1-R_2)} = \Delta V_{x_i}^{(R_1-R_\mu)} - \Delta V_{x_i}^{(R_2-R_\mu)} \qquad (3-18)$$

$$D_{x_i}^{(R_1-R_2)} = \frac{D_{x_i}^{(R_1-R_\mu)}}{D_{x_i}^{(R_2-R_\mu)}} \qquad (3-19)$$

其中，$\Delta V_{x_i}^{(R_1-R_2)}$ 表示间接加法分解结果，$D_{x_i}^{(R_1-R_2)}$ 表示间接乘法分解结果，$\Delta V_{x_i}^{(R_1-R_\mu)}$ 和 $\Delta V_{x_i}^{(R_2-R_\mu)}$ 表示直接加法分解结果，$D_{x_i}^{(R_1-R_\mu)}$ 和 $D_{x_i}^{(R_2-R_\mu)}$ 表示直接乘法分解结果。

在投入－产出框架下，任意地区 n 的总碳排放量和碳排放强度分别表示为式（3 – 20）和式（3 – 21）。

$$C^n = f_v^{n\prime} v^n = f_v^{n\prime}(\hat{k}^n X^n) = f_v^{n\prime} \hat{k}^n L^n Y^n$$
$$= f_v^{n\prime} H^n Y^n \qquad (3-20)$$

$$r^n = \frac{C^n}{GDP^n} = \frac{f_v^{n\prime} H^n \cdot Y^n}{1^\prime \cdot H^n Y^n} = \frac{f_v^\prime H^n \cdot S_Y^n}{1^\prime \cdot H^n \cdot S_Y^n} \qquad (3-21)$$

其中，上标 n 代表地区。

在 M-R 方法框架下，平均区域 μ 的总碳排放量和碳排放强度可分别定义为式（3 – 22）和式（3 – 23）。

$$C^\mu = \frac{1}{N} \sum_{n}^{N} C^n = f_v^{\mu\prime} H^\mu Y^\mu \qquad (3-22)$$

$$r^{\mu} = \frac{\sum\limits_{n}^{N} C^{n}}{\sum\limits_{n}^{N} GDP^{n}} = \frac{f_{v}^{\mu}{}' H^{\mu} S_{Y}^{\mu}}{1' H^{\mu} S_{Y}^{\mu}} \qquad (3-23)$$

其中，$f_{v}^{\mu} = (\sum\limits_{n} \hat{v}^{n})^{-1} \cdot (\sum\limits_{n} c^{n})$，$H^{\mu} = \hat{k}^{\mu} \cdot L^{\mu}$，$\hat{k}^{\mu} = (\sum\limits_{n} X^{n})^{-1} \cdot (\sum\limits_{n} v^{n})$，$L^{\mu} =$

$(I - A^{\mu})^{-1}$，$A^{\mu} = (\sum\limits_{n} Z^{n}) \cdot (\sum\limits_{n} X^{n})^{-1}$，$Y^{\mu} = \dfrac{\sum\limits_{n=1}^{N} Y^{\mu}}{N}$，$S_{Y}^{\mu} = \dfrac{(\sum\limits_{n=1}^{N} Y^{n})}{[1' \cdot (\sum\limits_{n=1}^{N} Y^{n})]}$，$N$

表示研究区域总数。

在加法分解框架下，区域 n 与平均区域 μ 的总碳排放量的空间差异可以分解为：

$$\Delta C^{(n-\mu)} = C^{n} - C^{\mu} = f_{v}^{n} H^{n} Y^{n} - f_{v}^{\mu} H^{\mu} Y^{\mu} \qquad (3-24)$$
$$= \Delta C_{f_{v}}^{(n-\mu)} + \Delta C_{H}^{(n-\mu)} + \Delta C_{Y}^{(n-\mu)}$$

其中，$\Delta C_{f_{v}}^{(n-\mu)}$ 是加法碳排放强度效应，$\Delta C_{H}^{(n-\mu)}$ 是加法 Leontief 结构效应，$\Delta C_{Y}^{(n-\mu)}$ 是最终需求效应。

在乘法分解框架下，区域 n 与平均区域 μ 的总碳排放强度的空间差异可以分解为式（3-25）。

$$D^{(n-\mu)} = \frac{r^{n}}{r^{\mu}} = D_{f_{v}}^{(n-\mu)} D_{H}^{(n-\mu)} D_{S_{Y}}^{(n-\mu)} \qquad (3-25)$$

其中，$D_{f_{v}}^{(n-\mu)}$ 是乘法碳排放强度效应，$D_{H}^{(n-\mu)}$ 是乘法生产结构效应，$D_{S_{Y}}^{(n-\mu)}$ 是最终需求结构效应。

3.3　基于投入 – 产出模型的敏感性分析方法概述

基于投入 – 产出技术的敏感性分析以对称投入 – 产出表为数据基础，以一般均衡论为理论基础，以产业间关联为前提假设。基于投入 – 产出模型的敏感性分析主要用于投入 – 产出表的估算以及结构变化分析，在能源及碳排放领域主要应用于分析结构变化。

3.3.1　基于里昂惕夫投入 – 产出模型的敏感性分析方法

在行业层面，里昂惕夫投入 – 产出模型可表示为：

$$x_i = \sum_{q=1}^{n} b_{iq} \cdot y_q \ (i = 1, 2, \cdots, n) \qquad (3-26)$$

其中，x_i 表示部门 i 的总产出；y_q 表示 q 部门最终需求；b_{iq} 表示第 q 部门每增加一个单位最终产品对 i 部门总产品的完全需求量，$B = (I - A)^{-1}$。I 是单位矩阵。

在投入 – 产出框架下，行业二氧化碳排放强度可表示为：

$$i_m = \frac{e_m}{VA_m} = \frac{C_m \cdot x_m}{VA_m} \ (m = 1, 2, \cdots, s) \qquad (3-27)$$

其中，i_m 是 m 行业单位部门二氧化碳排放强度，e_m 是 m 行业二氧化碳排放量，C_m 表示 m 行业单位部门总产出二氧化碳排放量。

基于误差传递理论的核心 Sherman-Morrison 公式（a_{ik} 的微小变化对 b_{mq} 的影响）得：

$$\Delta b_{mq} = \frac{b_{mi} \cdot b_{kq} \cdot \Delta a_{ik}}{1 - b_{ki} \cdot \Delta a_{ik}} \qquad (3-28)$$

从而可得到生产 – 技术变化引起的行业二氧化碳排放强度的变化，具体为：

$$\Delta i_m = \frac{C_m}{VA_m} \cdot \frac{b_{mi} \cdot x_k \cdot \Delta a_{ik}}{1 - b_{ik} \cdot \Delta a_{ik}} \ (m = 1, 2, \cdots, s) \qquad (3-29)$$

使用弹性指标定量反映生产 – 技术变化（Δa_{ik}）对 m 部门二氧化碳排放强度（Δi_m）的影响，具体如下：

$$\varepsilon_{i_m a_{ik}} = \frac{\Delta i_m / i_m}{\Delta a_{ik} / a_{ik}} = \frac{b_{mi} \cdot a_{ik}}{1 - b_{ki} \cdot \Delta a_{ik}} \cdot \frac{x_k}{x_m} \qquad (3-30)$$

其中，$\varepsilon_{i_m a_{ik}}$ 表示 k 部门生产 – 技术变化对 m 部门二氧化碳排放强度产生的影响。

由以上弹性指标可知，其由两个表达式的乘积组成，一个完全由生产 – 技术系数（系数的技术相关性）决定，另一个则含有部门总产出（系数的结构相关性）。若要独立考察生产技术因素对二氧化碳排放强度的影响，则可将任意部门的最终需求设为 1，从而得到 $\varepsilon_{i_m a_{ik}}^*$，即 k 部门纯生产技术变化对 m 部门二氧化碳排放强度产生的影响。

3.3.2 基于高希投入 – 产出模型的敏感性分析方法

在行业层面，高希投入 – 产出模型可表示为：

$$x_j = \sum_{q=1}^{n} VA_q b'_{qj} (j = 1, 2, \cdots, n) \qquad (3-31)$$

其中，x_j 是 j 部门总投入，VA_q 是 q 部门增加值，b'_{ij} 表示 i 部门每增加一单位部门增加值向 j 部门分配产品的份额。

在投入－产出框架下，行业二氧化碳排放强度可表示为：

$$i_m = \frac{e_m}{VA_m} = \frac{C_m \cdot x_m}{VA_m} (m = 1, 2, \cdots, s) \qquad (3-32)$$

基于误差传递理论的核心 Sherman-Morrison 公式（a'_{ik} 的微小变化对 b'_{qm} 的影响）得：

$$\Delta b'_{qm} = \frac{b'_{qi} \cdot b'_{km} \cdot \Delta a'_{ik}}{1 - b'_{ki} \cdot \Delta a'_{ik}} \qquad (3-33)$$

从而可得到由分配系数变化引起的行业二氧化碳排放强度的变化值，具体为：

$$\Delta i_m = \frac{C_m}{VA_m} \cdot \frac{x_i \cdot b'_{km} \cdot \Delta a'_{ik}}{1 - b'_{ki} \cdot \Delta a'_{ik}} (m = 1, 2, \cdots, s) \qquad (3-34)$$

选取弹性指标衡量各行业分配系数变化对 m 部门二氧化碳排放强度的影响，有：

$$\varepsilon_{i_m a'_{ik}} = \frac{\Delta i_m / i_m}{\Delta a'_{ik} / a'_{ik}} = \frac{b'_{km} \cdot a'_{ik}}{1 - b'_{ki} \cdot \Delta a'_{ik}} \cdot \frac{x_i}{x_m} \qquad (3-35)$$

其中，$\varepsilon_{i_m a'_{ik}}$ 表示 k 部门分配系数变化对 m 部门二氧化碳排放强度产生的影响。

上述弹性指标定义式为两式乘积，分别代表了分配系数变化的技术相关性和结构相关性影响。若要得到纯分配系数因素变化对 m 部门二氧化碳排放强度的影响，可设 $VA = 1$，从而得到 $\varepsilon^*_{i_m a'_{ik}}$，即 k 部门纯分配系数因素变化对 m 部门二氧化碳排放强度的影响。

第 4 章 需求视角下中国碳排放强度
变化的影响因素分析

4.1 引　言

结构分解分析（SDA）的基础是投入 – 产出（I-O）模型，可以分为里昂惕夫模型和高希模型。在环境研究中，里昂惕夫 I-O 模型常被用于消费为基础的分析。另外，高希 I-O 模型是从供给角度建立的，并应用于收入为基础的分析。本章从需求的视角以里昂惕夫投入 – 产出模型为基础，对中国 2002 ~ 2012 年总二氧化碳排放强度的变化进行 5 因素乘法结构分解分析。首先，从研究方法、基本假设、模型构建对本书采用的乘法 SDA 方法进行详细阐述。其次，将中国经济系统划分为 38 部门，基于非竞争型进口假设，以 16 种一次能源和 1 种二次能源为基础进行二氧化碳排放强度的核算。具体的单期分解分析、多期分解分析及各效应影响的变化在书中也有详细讨论。基于前面的乘法 SDA 模型构建及研究结果分别对能源强度效应和国内生产结构效应进行归因分析，研究行业维度单因素影响的贡献率，通过定量手段确定对总碳排放强度的变化较为关键的行业，从而提取对降低中国总碳排放强度起到关键作用的产业链信息，并以此为依据进行政策建议。

4.2 研　究　方　法

基于投入 – 产出模型，本章拟在需求视角下对中国 2002 ~ 2012 年二氧化碳排放强度进行乘法结构分解分析，探究其主要的促进及抑制因素。基于分解分析的结果，进一步使用归因分析将某一因素对分解指标产生的影响归因到各细分行业。在进行正式的结构分解之前，需要系统地确定研究假设，以保证得到的研究结果具有实践指导意义。在此基础之上，构建符合既定研究假设的数学模型，模拟中国能源－经济系统，量化分解二氧化碳排放强度变化的影响因素。

4.2.1　研究假设

在进行结构分解分析之前，先定义6个研究假设。

假设4－1：基于里昂惕夫投入－产出模型进行结构分解分析

里昂惕夫投入－产出模型[116]从最终需求的角度出发，模拟现实经济系统。里昂惕夫模型作为标准投入－产出模型，被广泛地使用。改革开放以来，中国一直努力发展市场经济，通过市场调节和宏观调控两只手来进行经济干预。本章基于里昂惕夫模型对中国碳排放强度进行结构分解分析。

假设4－2：采用平均极分解的分解方法

结构分解分析方法有一个研究缺陷，即分解结果随分解形式变化而具有不稳定性，当存在 n 个影响因素时，等价的分解形式并不唯一且为 n! 个。针对这一问题，有学者提出 D&L 分解方法，即通过计算 n! 个等价分解形式的平均值来量化不同影响因素的权重，以规避上述缺陷实现理想分解（E. Dietzenbacher and B. Los，1998）。然而，完整 D&L 方法虽然弥补了结构分解分析方法固有的缺陷，但是计算量及复杂程度均较大，尤其是在处理影响因素个数较多的问题时。为了同时实现分解结果稳定和计算简便这两个目的，一些近似 D&L 方法被提出并且大规模使用，例如平均极分解（完全分解）方法和重点权重分解（近似完全分解）方法。其中，苏斌和洪明华（2012）以中国 2002～2007年碳排放量变化为研究对象，考察了近似 D&L 和完全 D&L 方法的研究结果差异性。研究表明，基于近似 D&L 方法得到的分解结果与完全 D&L 方法得到的结果相差很小，在研究可以接受的范围内。有学者也认为近似 D&L 方法能够在结果稳定性和计算复杂性之间实现一种平衡（E. Dietzenbacher and B. Los，1998）。因此，本章采用平均极分解方法进行结构分解分析。

假设4－3：基于非竞争型进口假设

投入－产出模型按照进口类型，可以分为竞争型进口投入－产出模型和非竞争型进口投入－产出模型。采用不同的进口假设，对能源及碳排放问题进行研究时会产生结果差异。其中，竞争型进口假设假定进口产品与国内生产产品具有相同的生产技术，是一种近似计算。因此，苏斌和洪明华（2013）建议使用非竞争型进口假设，以得到更为准确的研究结果。

假设4－4：假设中国经济系统由38部门组成

苏斌等人（2010）首次提出了部门整合对研究结果的影响，即研究结果相对于不同部门整合程度的不稳定性问题。基于中国和新加坡出口产生的能源相关二氧化碳排放的实证分析，苏斌等人认为将整体经济系统整合为约40个行业部门较适宜能源相关碳排放的研究。基于此，本书基于投入－产出模型，拟模拟构建中国38个部门经济系统。

假设4－5：时间整合假设

本章研究的时间跨度为2002～2012年，相应地有两种时间整合方案：一是对2002年和2012年中国碳排放强度进行结构分解分析（即非链分解）；另一种是分别对2002～2005年、2005～2007年、2007～2010年、2010～2012年中国碳排放强度进行结构分解分析（即链分解）。苏斌和洪明华（2012）认为时间跨度整合会对分解结果产生很大的影响，在研究中国问题时，如果整体研究时间跨度超过5年，且在相应年份投入－产出表可得的情况下，建议采用链分解。因此，本章拟对2002～2005年、2005～2007年、2007～2010年、2010～2012年中国碳排放强度进行结构分解分析。

假设4－6：采用生产法对国内生产总值进行核算

一般来说，国内生产总值（GDP）的核算方法有三种：生产法、收入法和支出法。基于里昂惕夫投入－产出模型，本章使用生产法核算GDP，即各经济部门增加值合计的总和。

4.2.2　基于里昂惕夫投入－产出模型的结构分解分析方法

本章基于里昂惕夫模型对中国总碳排放强度变化进行乘法结构分解分析。设中国经济系统由38个部门组成，遵循非竞争型进口假设。标准的投入－产出模型如下：

$$X = Z_d \cdot 1 + (y_d + y_e) \qquad (4-1)$$

$$A_d = Z_d \cdot (\hat{X})^{-1} \qquad (4-2)$$

$$X = (I - A_d)^{-1}(y_d + y_e) = L_d \cdot y_{tot} \qquad (4-3)$$

其中，X 为 n 维行业总产出列向量；Z_d 为 n 阶国内中间商品投入矩阵；y_d 为 n 阶国内最终使用列向量；y_e 为 n 维出口列向量；A_d 为 n 阶国内生产技术系数矩阵；L_d 为 n 阶国内 Leontief 逆矩阵；y_{tot} 为 n 阶国内最终需求合计列向量（包括国内居民消费、国内政府消费、国内资本形成及出口）；1 表示 n 阶元素均为 1 的列向量；I 表示 n 阶单位向量；n 为经济系统中的部门数，本章中取值 38。

基于里昂惕夫模型，从需求边的角度出发，中国总二氧化碳排放可以表示为：

$$C^L = f_v v \qquad (4-4)$$

其中，C^L 表示经济系统内以消费为基础的总二氧化碳排放量；f_v 为 n 维总碳排放强度（即单位部门增加值合计的总二氧化碳排放量）行向量；v 为 n 维部门增加值合计列向量。

进一步将部门增加值合计改写，并将式（4-3）代入式（4-4）得到：

$$C^L = f_v(\hat{k} \cdot X) = f_v \hat{k} \cdot L_d \cdot y_{tot} = f_v H_d \cdot y_{tot} \qquad (4-5)$$

其中，k 为 n 维初始投入系数列矩阵；H_d 为 n 阶总国内增加值合计需求系数矩阵。

基于生产法核算 GDP，得到：

$$\begin{aligned} GDP^L &= 1'v \\ &= 1'(\hat{k} \cdot X) = 1'(\hat{k} \cdot L_d \cdot y_{tot}) = 1' \cdot H_d \cdot y_{tot} \end{aligned} \qquad (4-6)$$

由式（4-5）和式（4-6）可得：

$$r^L = \frac{C^L}{GDP^L} = \frac{f_v H_d \cdot y_{tot}}{1' \cdot H_d \cdot y_{tot}} \qquad (4-7)$$

其中，r^L 即为经济系统内以消费为基础的总二氧化碳排放强度。

将式（4-7）中的分子、分母同时除以国内最终需求合计（即 $1'y_{tot}$），并将 f_v 展开得到：

$$r^L = \frac{(E_e S_e') \cdot I_v' H_d \cdot S_y}{1' \cdot H_d \cdot S_y} \qquad (4-8)$$

其中，E_e 是 m 维二氧化碳排放系数向量；S_e 为（n×m）阶能源消耗结构矩阵；I_v 为 n 维单位部门增加值的能源消耗向量；$S_y = \dfrac{y_{tot}}{(1'y_{tot})}$ 是 n 维总最终需求结构向量；m 为能源种类的数量，n 为经济系统中所涉及的部门数量。

基于式（4-8），本章拟将中国碳排放强度的变化通过乘法分解的方式归纳为 5 个影响因素，即：

$$D_{tot}^L = \frac{r_L^1}{r_L^0} = D_{E_e}^L D_{S_e}^L D_{I_v} D_{H_d} D_{S_y} \qquad (4-9)$$

其中，D_{tot}^L 指基于消费的二氧化碳排放强度从时间 0 到时间 1 的总变化；r_L^1 和 r_L^0 分别为时间 1 和时间 0 下以消费为基础的二氧化碳排放强度；$D_{E_e}^L$ 为里昂惕夫排放系数效应；$D_{S_e}^L$ 为里昂惕夫能源结构效应；D_{I_v} 为增加值相关能源强度效应；D_{H_d} 是国内里昂惕夫结构效应；D_{S_y} 是国内最终需求结构效应。

由于本章中碳排放强度指标为分式形式，即分子分母均由不同的多项式乘积组成。参考苏斌和洪明华（2015）提出的分式指标乘法分解方式，分别对分子、分母部分同时进行乘法分解分析，得到：

$$D_{tot}^L = \frac{D_{tot}^{Ln}}{D_{tot}^{Ld}} = \frac{D_{E_e}^{Ln} D_{S_e}^{Ln} D_{I_v}^n D_{Hd}^n D_{Sy}^n}{D_{Hd}^d D_{Sy}^d} \tag{4-10}$$

其中，n 和 d 分别表示分子和分母分解过程的不同效应。

联合式（4-9）和式（4-10）可以得到式（4-11）至式（4-15）：

$$D_{E_e}^L = D_{E_e}^{Ln} \tag{4-11}$$

$$D_{S_e}^L = D_{S_e}^{Ln} \tag{4-12}$$

$$D_{I_v} = D_{I_v}^n \tag{4-13}$$

$$D_{H_d} = D_{Hd}^n / D_{Hd}^d \tag{4-14}$$

$$D_{S_y} = D_{Sy}^n / D_{Sy}^d \tag{4-15}$$

本章采用近似 D&L 方法，即平均极分解法来确定各影响因素的影响权重（Su B，Ang B W；2012）。其中排放系数效应、能源结构效应以及能源强度效应的影响程度可以直接通过对式（4-8）中分子部分进行平均极分解确定，国内生产结构效应及国内最终需求结构效应则需分别对式（4-8）的分子、分母进行平均极分解来最终确定。

$$D_{E_e}^L = \sqrt{\left(\frac{V_{11111}}{V_{01111}}\right) \cdot \left(\frac{V_{10000}}{V_{00000}}\right)} \tag{4-16}$$

$$D_{S_e}^L = \sqrt{\left(\frac{V_{01111}}{V_{00111}}\right) \cdot \left(\frac{V_{11000}}{V_{10000}}\right)} \tag{4-17}$$

$$D_{I_v} = \sqrt{\left(\frac{V_{00111}}{V_{00011}}\right) \cdot \left(\frac{V_{11100}}{V_{11000}}\right)} \tag{4-18}$$

$$D_{H_d} = \frac{D_{Hd}^n}{D_{Hd}^d} = \frac{\sqrt{\left(\frac{V_{00011}}{V_{00001}}\right) \cdot \left(\frac{V_{11110}}{V_{11100}}\right)}}{\sqrt{\left(\frac{Z_{11}}{Z_{01}}\right) \cdot \left(\frac{Z_{10}}{Z_{00}}\right)}} \tag{4-19}$$

$$D_{S_y} = \frac{D_{S_y}^n}{D_{S_y}^d} = \frac{\sqrt{\left(\dfrac{V_{00001}}{V_{00000}}\right) \cdot \left(\dfrac{V_{11111}}{V_{11110}}\right)}}{\sqrt{\left(\dfrac{Z_{01}}{Z_{00}}\right) \cdot \left(\dfrac{Z_{11}}{Z_{10}}\right)}} \qquad (4-20)$$

其中，$V_{utttt} = (E_e^t S_e^{t\prime}) \cdot I_v^{t\prime} H_d^t \cdot S_y^t (t = 0, 1)$，$Z_{tt} = 1' H_d^t S_y^t (t = 0, 1)$。

4.2.3　归因分析

本节拟基于前面的乘法 SDA 模型及研究结果分别对能源强度效应和国内生产结构效应进行归因分析。在上节使用的分解方式基于乘法近似 D&L 方法（平均极分解法），且 SDA 中乘法 D&L 方法与广义费雪指数（Fisher's ideal indices）相似。因此，本节归因分析参考基于广义费雪指数进行的模型构建[176]。

以增加值相关能源强度效应为例，将式（4-18）改写为：

$$D_{I_v} = \left(\frac{V_{00111}}{V_{00011}}\right)^{\frac{1}{2}} \cdot \left(\frac{V_{11100}}{V_{11000}}\right)^{\frac{1}{2}} \qquad (4-21)$$

由式（4-21）右边的第一个式子，可以得到如下等式：

$$\sum_{i=1}^n \left(\frac{E_e^0 S_{ei}^{0\prime} \cdot I_{vi}^1 \cdot (H_{di}^1 S_y^1)}{V_{00111}} - \frac{E_e^0 S_{ei}^{0\prime} \cdot I_{vi}^0 \cdot (H_{di}^1 S_y^1)}{V_{00011}}\right)$$

$$= \sum_{i=1}^n L\left(\frac{E_e^0 S_{ei}^{0\prime} \cdot I_{vi}^1 \cdot (H_{di}^1 S_y^1)}{V_{00111}}, \frac{E_e^0 S_{ei}^{0\prime} \cdot I_{vi}^0 \cdot (H_{di}^1 S_y^1)}{V_{00011}}\right) \qquad (4-22)$$

$$\times \left[\ln\left(\frac{I_{vi}^1}{I_{vi}^0}\right) - \ln\left(\frac{V_{00111}}{V_{00011}}\right)\right] = 0$$

其中，L 为对数平均函数，可以定义为 $L(a, b) = \dfrac{(a-b)}{(\ln a - \ln b)}$，$i$ 代表 i 部门的能源强度、能源消费结构和国内里昂惕夫结构。通过求解式（4-22）可得：

$$\ln\left(\frac{V_{00111}}{V_{00011}}\right) = \sum_{i=1}^n w_{i,1}^{I_v} \ln\left(\frac{I_{vi}^1}{I_{vi}^0}\right) \qquad (4-23)$$

$$w_{i,1}^{I_v} = \frac{L\left(\dfrac{E_e^0 S_{ei}^{0\prime} \cdot I_{vi}^1 \cdot (H_{di}^1 S_y^1)}{V_{00111}}, \dfrac{E_e^0 S_{ei}^{0\prime} \cdot I_{vi}^0 \cdot (H_{di}^1 S_y^1)}{V_{00011}}\right)}{\sum_{i=1}^n L\left(\dfrac{E_e^0 S_{ei}^{0\prime} \cdot I_{vi}^1 \cdot (H_{di}^1 S_y^1)}{V_{00111}}, \dfrac{E_e^0 S_{ei}^{0\prime} \cdot I_{vi}^0 \cdot (H_{di}^1 S_y^1)}{V_{00011}}\right)} \qquad (4-24)$$

$$\sum_{i=1}^{n} w_{i,1}^{I_v} = 1 \tag{4-25}$$

同理，通过式（4-21）右边的第二个式子，可以得到：

$$\ln\left(\frac{V_{11100}}{V_{11000}}\right) = \sum_{i=1}^{n} w_{i,2}^{I_v} \ln\left(\frac{I_{vi}^1}{I_{vi}^0}\right) \tag{4-26}$$

$$w_{i,2}^{I_v} = \frac{L\left(\dfrac{E_e^1 S_{ei}^1{}' \cdot I_{vi}^1 \cdot (H_{di}^0 S_y^0)}{V_{11100}}, \dfrac{E_e^1 S_{ei}^1{}' \cdot I_{vi}^0 \cdot (H_{di}^0 S_y^0)}{V_{11000}}\right)}{\sum_{i=1}^{n} L\left(\dfrac{E_e^1 S_{ei}^1{}' \cdot I_{vi}^1 \cdot (H_{di}^0 S_y^0)}{V_{11100}}, \dfrac{E_e^1 S_{ei}^1{}' \cdot I_{vi}^0 \cdot (H_{di}^0 S_y^0)}{V_{11000}}\right)} \tag{4-27}$$

$$\sum_{i=1}^{n} w_{i,2}^{I_v} = 1 \tag{4-28}$$

基于式（4-23）和式（4-26），可以将 D_{I_v} 写成：

$$\ln D_{I_v} = \frac{1}{2}\ln\left(\frac{V_{00111}}{V_{00011}}\right) + \frac{1}{2}\ln\left(\frac{V_{11100}}{V_{11000}}\right)$$

$$= \sum_{i=1}^{n}\left(\frac{1}{2}w_{i,1}^{I_v} + \frac{1}{2}w_{i,2}^{I_v}\right)\ln\left(\frac{I_{vi}^1}{I_{vi}^0}\right) = \sum_{i=1}^{n} w_i^{I_v}\ln\left(\frac{I_{vi}^1}{I_{vi}^0}\right) \tag{4-29}$$

$$w_i^{I_v} = \frac{1}{2}(w_{i,1}^{I_v} + w_{i,2}^{I_v}) \tag{4-30}$$

$$\sum_{i=1}^{n} w_i^{I_v} = 1 \,(i = 1, 2, \cdots, n) \tag{4-31}$$

其中，$w_i^{I_v}$、$w_{i,1}^{I_v}$、$w_{i,2}^{I_v}$ 均为对应不同情况下的权重系数。

将式（4-21）等价转换为乘法形式：

$$D_{I_v} = \prod_{i=1}^{n} D_{I_v,i} = \prod_{i=1}^{n}\left(\frac{I_{vi}^1}{I_{vi}^0}\right)^{w_i^{I_v}} \tag{4-32}$$

实际上，$w_i^{I_v}$ 是 i 部门增加值相关能源强度变化对 D_{I_v} 的贡献程度。此外，$D_{I_v,i}$ 是 i 部门与增加值相关的能源强度变化对 D_{I_v} 的总贡献。值得注意的是，通过该方法得到的 D_{I_v} 的几何指标表达式实现了零值鲁棒性。

4.3　数　据　来　源

本章所使用的乘法结构分解分析方法最主要的数据基础是投入 – 产出表及一系列能源相关数据。首先，本章的数据基础为中国 2002 年、2007 年、2012

年的投入－产出表以及中国 2005 年、2010 年的投入－产出延长表。基于非竞争型进口假设，本章将中国经济系统合并为 38 个部门。将上述四年的投入－产出表进行整理，得到表 4－1。

表 4－1　　　　　　　　基于非竞争型进口假设的投入－产出表

投入 ＼ 产出		国内中间使用				国内最终需求合计		总产出
		s1	s2	…	s38	国内最终使用	出口	
国内中间投入	s1	Z_{11}^d	Z_{12}^d	…	…	y_1^d	y_1^e	x_1
	s2	Z_{21}^d	Z_{22}^d	…	…	y_2^d	y_2^e	x_2
	…			Z_{ss}^d		…	…	…
	s38	…	…	…	…	y_{38}^d	y_{38}^e	x_{38}
进口		Z_1^i	Z_2^i	…	Z_{38}^i	y_i		—
增加值合计		v_1	v_2	…	v_{38}	—	—	—
总投入		x_1	x_2	…	x_{38}	—	—	—

表 4－1 中，Z_{ij}^d 为 i 部门为 j 部门提供的国内生产中间产品；y_i^d 为 i 部门国内最终使用（包括国内居民消费、国内政府消费、国内投资）；y_i^e 为 i 部门出口；Z_j^i 为 j 部门进口商品用于中间产品投入；y_i 为进口商品用于最终需求部分；v_i 为 i 部门增加值合计；x_i 为 i 部门的总投入/总产出。

另外，本章使用的 38 个部门的账户设置如表 4－2 所示。其中，s1 为第一产业，s2～s22 为第二产业，s23～s38 为第三产业。

表 4－2　　　　　　　　中国经济系统 38 部门账户设置

代码	行业	代码	行业
s1	农林牧渔业及相关服务业	s7	木材加工及家具制造业
s2	煤炭开采洗选及石油和天然气开采业	s8	造纸印刷及文教用品制造业
s3	矿采选业	s9	石油加工、炼焦及核燃料加工业
s4	食品制造及烟草加工业	s10	化学工业
s5	纺织业	s11	非金属矿物制品业
s6	服装皮革羽绒及其制品业	s12	金属冶炼及压延加工业

续表

代码	行业	代码	行业
s13	金属制品业	s26	批发和零售贸易业
s14	通用、专用设备制造业	s27	住宿和餐饮业
s15	交通运输设备制造业	s28	金融保险业
s16	电气、机械及器材制造业	s29	房地产业
s17	通信设备、计算机及其他电子设备制造业	s30	租赁和商务服务业
s18	仪器仪表及其他制造业（含废品废料）	s31	研究与实验发展业
s19	电力、热力的生产和供应业	s32	综合技术服务业
s20	燃气生产和供应业	s33	水利、环境和公共设施管理业
s21	水的生产和供应业	s34	居民服务和其他服务业
s22	建筑业	s35	教育事业
s23	交通运输及仓储业	s36	卫生、社会保障和社会福利事业
s24	邮政业	s37	文化、体育和娱乐业
s25	信息传输、计算机服务和软件业	s38	公共管理和社会组织

中国统计部门发布的不同年份的价值型投入 – 产出表，均以当年份的价格系数为基础，因此，本章将 2002～2012 年价值型投入 – 产出表统一为 2002 年的价格基础。具体而言，参考杨和拉尔（L. Yang and M. L. Lahr，2010），第一产业使用农业生产者价格指数统一价格基础；工业使用工业分行业生产者出厂价格指数统一价格基础；对于第三产业和建筑业，则使用不同年份的 GDP 平减指数统一价格基础。其中，农业生产者价格指数及 GDP 平减指数来源于相应年份的《中国统计年鉴》，工业生产者出厂价格指数来源于《中国价格统计年鉴》[4]。

本章考察能源相关二氧化碳排放强度的变化情况，实际核算能源种类 17种，其中包括 16 种一次能源（原煤、洗精煤、其他洗煤、焦炭、焦炉煤气、其他煤气、其他焦化产品、原油、汽油、煤油、柴油、燃料油、液化石油气、炼厂干气、其他石油制品以及天然气）和 1 种二次能源（电力消费）。上述一次能源种类的碳排放相关系数如表 4 – 3 所示。另外，本章中统计的能源消费量用以计算二氧化碳排放量，因此不包含用作原料的能源消费量。

表4－3			一次能源二氧化碳排放系数		
能源种类	平均低位发热量 （万亿焦耳/千吨）	单位热值含量 （吨碳/万亿焦耳）	碳氧 化率	折标煤系数 （吨标煤/吨实物量）	二氧化碳排放系数 （吨二氧化碳/吨标煤）
原煤	20.91	26.37	0.94	0.71	2.66
洗精煤	16.34	25.80	0.92	0.90	2.55
其他洗煤	8.36	25.80	0.92	0.29	2.55
焦炭	28.44	29.50	0.93	0.97	2.95
焦炉煤气	17.99[a]	12.10	0.99	0.61[b]	1.29
其他煤气	10.45[a]	12.10	0.99	0.36[b]	1.29
其他焦化产品	33.46	29.20	0.93	1.14	2.91
原油	41.82	20.10	0.98	1.43	2.12
汽油	43.07	18.90	0.98	1.47	1.99
煤油	43.07	19.50	0.98	1.47	2.05
柴油	42.65	20.20	0.98	1.46	2.13
燃料油	41.82	21.10	0.98	1.43	2.22
液化石油气	50.18	17.20	0.99	1.71	1.83
炼厂干气	46.06	15.70	0.99	1.57	1.67
其他石油制品	41.87	20.00	0.98	1.43	2.10
天然气	38.93[a]	15.30	0.99	1.33[b]	1.63

注：a 表示单位为兆焦耳/立方米，b 表示单位为千克标煤/立方米。

另外，不同年份电力消耗二氧化碳排放系数由式（4－33）得：

$$电力二氧化碳排放系数 = \frac{电力部门初级能源直接二氧化碳排放}{全国电力消费量}$$

$$(4-33)$$

其中，本章涉及的中国经济38个行业一次及二次能源消耗量来源于2003～2013年《中国能源统计年鉴》[5]。由式（4－33），可得中国2002～2012年电力消耗二氧化碳排放系数，如图4－1所示。由图4－1可以看出，由于发电技术的提高以及清洁能源发电比例的提高，中国电力消耗二氧化碳排放系数逐年降低。

（吨二氧化碳/吨标煤）

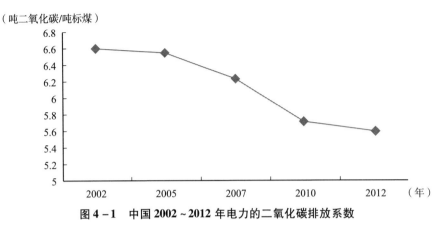

图 4－1　中国 2002～2012 年电力的二氧化碳排放系数

4.4　实证结果分析

本章对中国 2002～2012 年（即 2002～2005 年、2005～2007 年、2007～2010 年、2010～2012 年）总二氧化碳排放强度采用近似 D&L 方法进行乘法结构分解分析，拟将中国二氧化碳排放强度变化的影响因素归结为排放系数效应、能源结构效应、能源强度效应、国内生产结构效应及国内最终需求结构效应。主要的研究结果如下。

4.4.1　中国总二氧化碳排放强度变化趋势分析

基于里昂惕夫投入－产出模型，以 2002 年价格作为基础，本章核算了中国 2002～2012 年总二氧化碳排放强度及其变化趋势。如图 4－2 所示，除 2005 年外，式（4－7）中以消费为基础的二氧化碳排放强度从 2002 年的 2.24 吨二氧化碳/万元持续下降到 2012 年的 1.62 吨二氧化碳/万元，式（4－6）中的 GDP 从 12 163 亿元增加到 38 782 亿元。根据中国 2020 年的减排目标（即 2020 年二氧化碳排放强度较 2005 年水平相比降低 40%～45%），中国近些年来的减排成效巨大，预计可以顺利并超额完成减排目标。2010 年，中国二氧化碳排放强度跌破 2.00 吨二氧化碳/万元的水平。以世界上主要的工业化发达国家和发展中国家为例，有研究表明，工业化开始的时间越早，碳排放强度达到峰值的时间越早。1953 年，中国才开始工业化阶段，严重滞后于其他国家。此后，中国又开始了快速城镇化进程。近年来，中国碳排放强度已经实现连续下降，表明中国进行碳减排的决心和付诸的行动。

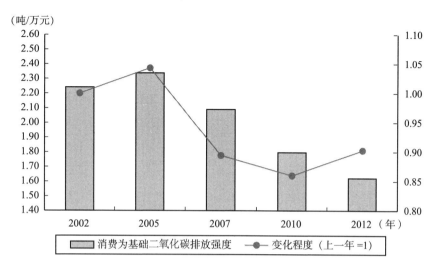

图 4 - 2　2002 ~ 2012 年中国基于消费的总二氧化碳排放强度

如图 4 - 2 所示，唯一的增加趋势是在 2002 ~ 2005 年增加了 0.05 吨二氧化碳/万元，增加了 4.3%。另外，最大的降幅出现在 2007 ~ 2010 年，幅度为 0.34 吨二氧化碳/万元，下降了 14.02%。排放强度年平均下降速度最快出现在 2005 ~ 2007 年，降幅为 5.44%。可以看到，随着中国碳减排逐年取得巨大进展，维持原有碳减排速度的难度是越来越大的。近年来，中国通过一系列结构调整（生产结构、能源结构、分配结构）改善了大部分行业高碳排放的状况，但煤炭为主的能源消费结构并未得到根本性的改变，加之产业结构调整（第二产业增加值仍为中国国内生产总值的主要贡献者）还在进行中。因此，还需要对中国碳排放强度具体的影响因素和影响程度进行量化分析，在已经取得一定减排成效的基础上，找到下一阶段碳减排的潜在问题。

4.4.2　中国总二氧化碳排放强度单期影响因素分析

中国 2005 年较 2002 年而言二氧化碳排放强度呈上升趋势，从图 4 - 3 结构分解分析结果可以看出，最终需求结构效应是促进中国碳排放强度增长的主要因素。2005 年，中国最终需求消费 4.78% 来源于农业，47.55% 来源于工业，47.67% 来源于建筑业和第三产业，后两者对最终需求消费的贡献比例基本持平。可见，对工业、建筑业和第三产业产品终端消费的增加是导致中国2005 年碳排放强度上涨的主要因素。促使中国碳排放强度下降的主要因素为里昂惕夫生产结构效应。能源结构效应以及能源强度效应对该年份碳排放强度的上升起到了小幅的促进作用。

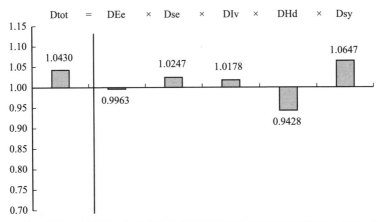

图 4 - 3　需求视角下中国总二氧化碳排放强度变化影响因素及影响程度（2002 ~ 2005 年）

较 2005 年而言，中国 2007 年二氧化碳排放强度呈下降趋势，主要的贡献因素为能源强度效应，如图 4 - 4 所示。2005 年，中国总能源消费强度为 0.71吨标煤/万元，2007 年下降为 0.62 吨标煤/万元。其中，工业能源消费强度由2005 年的 1.09 吨标煤/万元下降为 2007 年的 0.88 吨标煤/万元，而农业、建筑业与第三产业能源消费强度也有小幅下降。促使中国碳排放强度上升的主要因素为国内最终需求结构和里昂惕夫生产结构效应。相较于 2005 年，2007 年中国最终需求消费 3.32% 来源于农业，50.91% 来源于工业，45.77% 来源于建筑业和第三产业。所以对工业产品终端消费的增加是导致中国 2007 年碳排放强度上涨的主要因素。

除此之外，排放系数效应以及能源结构效应分别对 2007 年碳排放强度的下降起到了小幅的促进作用和抑制作用。其中，排放系数效应对碳排放强度下降的促进作用主要得益于电力碳排放系数的降低（见图 4 - 1）。另外，2007 年73.94% 的能源消耗来源于工业。进一步讲，工业煤炭消费占工业能源总消费比重由 2005 年的 31.58% 下降为 2007 年的 28.7%，油品合计消费比重由 2005年的 17.18% 下降到 2007 年的 15.1%。可见，中国能源消费结构主要受工业

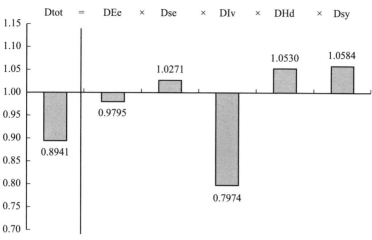

图 4－4　需求视角下中国总二氧化碳排放强度变化影响因素及影响程度（2005～2007 年）

影响，且已经有所改善，但仍需更大力度地进行清洁能源及可再生能源替代与大规模使用。

由上可得，2007 年，结构问题是中国碳减排工作的最大阻碍。在改善工业生产结构问题上，2007 年中国关停落后纺织印染企业（s5）400 家，造纸印刷厂（s8）2018 家，关闭落后化工厂（s10）近 500 家，淘汰落后水泥产能（s11）5 200 万吨、落后炼铁产能（s12）4 659 万吨、落后炼钢产能（s12）3 747 万吨，关停小火电机组（s19）1 438 万千瓦。这些措施，当时预计在 2010 年能够发挥出积极的节能减排作用。

中国 2010 年总二氧化碳排放强度较 2007 年相比继续呈下降趋势，如图 4－5 所示。与 2005～2007 年最为不同的是，2010 年碳排放强度的下降是由排放系数效应、能源强度效应、国内生产结构效应以及国内最终需求结构效应合力抑制的结果，而不是主要受某一因素影响的结果。这表明，中国在节能减排任务的完成方面，已经逐渐完成"量变"到"质变"的转化。在能源强度方面，2010 年总能源消费强度为 0.5346 吨标煤/万元，较 2007 年下降 13.77%。在国内最终需求消费结构方面，2010 年国内最终需求消费的 2.41% 来源于农业，53.12% 来源于工业，44.47% 来源于建筑业和第三产业。与 2007 年相比，工业产品的终端消费比例继续走高，但在 2010 年的能源消费及生产结构的水平下，国内最终需求结构效应却呈现出抑制碳排放强度增长的状态。这表明，2007 年中国针对结构调整问题的各项举措，取得了较为满意的成效。

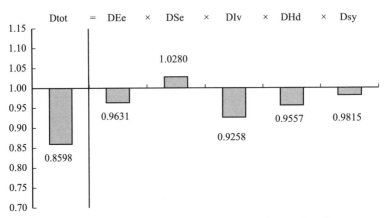

图4-5　需求视角下中国总二氧化碳排放强度变化影响因素及影响程度（2007~2010年）

　　基于2007~2010年结构分解分析结果可以看出，在这一时期，能源结构效应是唯一促进中国碳排放强度增长的因素。2010年，中国74.63%的能源消耗来源于工业。其中，工业能源消费中，煤炭占29.02%，油品合计占13.53%。与2005年、2007年相比，中国工业化石能源消费比重持续降低。这表明，对中国这种传统煤炭消费大国而言，能源消费结构的改善，是需要长期进行的工作。

　　2012年，中国总二氧化碳排放强度较2010年水平继续呈下降趋势。如图4-6所示，下降的主要因素来源于能源强度效应。2012年，中国总能源消费强度为0.4938吨标煤/万元，较2010年水平下降7.63%。与2002~2005年，2005~2007年，2007~2010年的研究结果相比，中国能源消费强度虽然呈现逐年下降趋势，但下降的幅度逐渐减小。与此同时，国内生产结构的变化对碳排放强度的下降起到了很大的抑制作用。综合图4-3、图4-4、图4-5及图4-6可以看出，中国由国内生产结构的调整带来的影响极不稳定，短期得到改善效应的同时，长期保持其正向积极作用是亟待攻克的难题。因此，有必要针对生产结构调整进行专门的研究，找到中国生产结构改善的关键性节点，提出有针对性的政策及措施建议。

　　与2005~2007年、2007~2010年结构分解分析结果相比，排放系数效应由于中国发电技术的持续提高，继续有益于碳排放强度的降低，但影响的程度不大；能源结构效应虽然仍为正向促进作用，但其正向影响的程度逐渐降低（由1.0271下降为1.0136），这表明中国能源结构的改善已经取得一定的成绩；国内最终需求结构效应也继续表现为反向抑制作用，其中，2012年最终

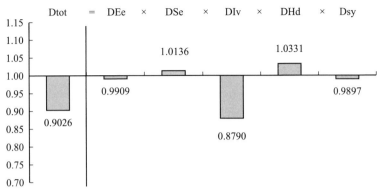

图 4 – 6　需求视角下中国总二氧化碳排放强度变化影响因素及影响程度（2010～2012 年）

需求消费 2.75% 来源于农业，51.45% 来源于工业，45.8% 来源于建筑业和第三产业，与 2010 年水平基本相同，这表明中国需求侧管理的成效得到有效的维持与保证。

与能源强度效应相反，$D_{S_e}^L$、D_{H_d} 和 D_{S_y} 等结构性效应是二氧化碳排放强度增加的主要贡献者。除国内里昂惕夫结构效应表现不稳定外，能源结构效应和国内最终需求结构效应均呈现出正效应减弱的趋势。在政策领域，结构性改革已经实施。从本节的分析来看，结构性改革带来的成就显示出中国碳减排的巨大潜力。

4.4.3　中国总二氧化碳排放强度多期影响因素分析

2002～2012 年，中国二氧化碳排放强度合计下降 27.62%，其中排放系数效应、能源强度效应及国内生产结构效应表现为反向抑制作用，能源结构效应和国内需求结构效应表现为正向促进作用。总体来说，中国碳排放强度的下降主要来源于能源强度的下降（29.15%）；排放系数效应产生的改善作用较小，但很稳定。

另外有两个正向促进因素属于结构因素。其中，能源结构效应是重中之重，其产生的正向促进作用最大，如图 4 – 7 所示。众所周知，中国是传统的煤炭消费大国。"大"既表明中国领土面积大，也表明煤炭消费总量之多。近些年来，中国政府在能源结构调整方面已经作出了积极的努力，但能源结构的调整是一项需要永续进行的系统工程，并需要一些时间。除此之外，节能减排工作也需要积极地与最终需求结构的调整联系起来。基于多期结构分解分析的结果表明，近些年来中国生产结构的变化对碳排放强度起到了绝对的抑制作用。但是，实际经济系统中产业间繁杂的联系，使得实际的产业结构调整变得不易操作，产业结构之间并不是简单的替代和转换关系。本书后续会采用专门的能源－经济模型对该问题进行讨论和分析。

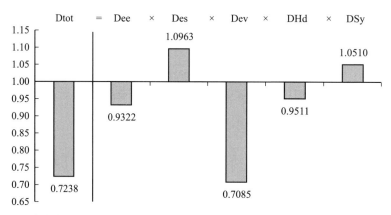

图 4－7　需求视角下中国总二氧化碳排放强度变化影响因素及影响程度（2002～2012 年）

4.4.4　能源强度效应单期归因分析结果

对 2005～2007 年、2007～2010 年及 2010～2012 年中国总碳排放强度变化的相关能源强度效应进行归因分析，得到不同时间段内各行业通过能源强度因素对中国总碳排放强度产生影响的贡献率。总体而言，2005～2012 年，第一产业（s1）平均贡献率（各单期贡献率的代数平均值，下同）为 2.91%；工业（s2～s21）平均贡献率为 80.5%；建筑业及第三产业（s22～s38）平均贡献率为 16.59%。2005～2012 年，单期各时段内农业能源强度因素对中国碳排放强度变化的贡献率在 2.51%～3.37%，工业为 80.28%～80.65%，建筑业及第三产业为 16.14%～17.28%。其中，金属冶炼及压延加工业是最主要的贡献者。除此之外，三产能源强度相关对中国碳排放强度的影响比重相对稳定，存在小幅波动，但无较大的变化。可以预料，未来中国由于能源强度下降抑制总碳排放强度上升也来源于工业。如何在已经大幅度降低工业能源强度的基础上，继续深层挖掘工业的节能潜力将是中国实现 2030 年节能减排目标的重要课题。

前面已经提到碳排放强度最主要的贡献者是金属冶炼及压延加工业

（s12），且其发挥作用的重要程度也是逐年上升的。图4-9给出了单期各时间段内分行业能源强度效应对总碳排放强度变化的贡献率。按照行业维度逐年贡献率的变化情况，可以将中国经济系统中的38个行业划分如下：（1）逐渐减弱型（即s1，s5，s10，s18及s22）；（2）先减弱后增强型（即s2，s3，s4，s6，s7，s8，s9，s13，s23，s24，s25，s26，s30，s31，s32，s33及s36）；（3）持续增强型（即s11，s12，s16，s17，s28，s29，s37及s38）；（4）先增强后减弱型（即s14，s15，s19，s20，s21，s27，s34及s35）。

结合上面的分类以及图4-8中的柱子高度，本节认为工业中的化学工业、非金属矿物制品业、金属冶炼及压延加工业，建筑业及第三产业中的交通运输及仓储业在能源强度方面，对中国碳排放强度的连年下降做出了巨大的贡献。这一变化的背后，中国"十一五"（2006～2010年）规划纲要中指出要优化发展冶金工业（主要淘汰落后产能）、调整化学工业布局（即合理布局并发展精细化工），并在发展服务业中强调优先发展交通运输业（即扩大运输网络承载能力并合理规划运输网络）。可见，中国"十一五"规划中的针对性政策对有效降低相关行业能源消费及碳排放起到了关键性作用。

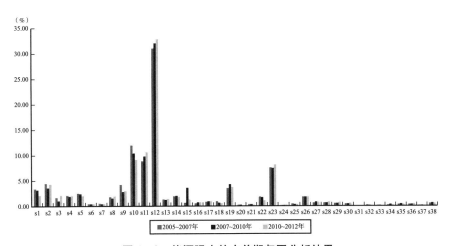

图4-8　能源强度效应单期归因分析结果

从图4-8中可以看到，中国历年能源强度的抑制作用主要来源于工业。这一方面是由于工业较农业和第三产业而言，具有高耗能、高污染、高排放的特性，本身的节能潜力巨大。另一方面是由于中国现有的产业结构的不合理（具体表现为工业所占比例过大，第三产业占比较小），不利于环境友好型经济系统的创建。因此，未来中国节能减排工作的开展，一方面应聚焦于降低原有高耗能行业的能源消费及能源强度水平，另一方面应大力发展第三产业（即服务业），提供更多具有高附加值的产品及服务。

4.4.5 国内生产结构效应单期归因分析结果

对 2005～2007 年、2007～2010 年、2010～2012 年中国总碳排放强度变化的国内生产结构效应进行归因分析，得到相应单期各时间段内行业维度归因分析结果。总体而言，从 2005～2012 年，第一产业因国内生产结构效应对中国总碳排放强度变化的平均贡献率（各单期贡献率的代数平均值，下同）为5.32%；工业的平均贡献率为 65.22%；建筑业及第三产业的平均贡献率为29.46%。与能源强度效应相比，相同点为最大贡献均来自工业行业；不同点为工业与建筑业及第三产业的贡献率分配，即两者之间的贡献率差有所下降。这也表明，在生产技术提高这一问题上，建筑业及第三产业也存在着巨大的需求和潜力。

从各时间段的动态比较来看，农业由于国内生产结构的变化而对碳排放强度的影响作用越来越小，从 2007 年的 6.74% 下降到 2012 年的 4.2%。长期以来，中国推广的农业技术是以资本、土地密集型为导向的，快速城镇化的背景下，农村劳动力和资源逐渐减少，巨大粮食及农作物的需求得以满足主要由于中国单位土地面积粮食产量的提高。虽然农业对中国碳排放强度的变化影响力较小，但由于产业关联（直接和间接）广泛存在于经济系统中的任意行业之间，发展环境友好型的农业技术，应成为中国农业未来发展的重要方向。

除此之外，工业由于国内生产结构的变化进而对碳排放强度的影响作用越来越大，从 2007 年的 62.65% 增加到 2012 年的 66.94%。因此，工业生产结构调整及国内生产技术的提高应列为中国实现节能减排关键。其中，工业 20个行业中，金属冶炼及压延加工业国生产结构变化对中国总碳排放强度变化的平均贡献率（2005～2012 年）为 15.41%，为全行业最高，其次为化学工业以及非金属矿物制品业。这一结果与能源强度效应归因分析结果一致。因此，调结构、促技术应为下一个阶段的工作重点。

整体来看，建筑业及第三产业国内生产结构变化产生的影响相对稳定，略有下降。从需求边的角度出发，建筑业及第三产业的生产结构同时受到其上游供应商（即工业）的影响。因此，关于对中国行业相关生产结构的改善，涉及一二三产业之间的互动和影响，本书将在第 6 章中基于专门的数量模型对这一部分进行深入讨论。

各行业关于国内生产结构变化的单期各时间段具体的归因分析结果及变动情况如图 4 - 9 所示。按照不同时间段内贡献率的变动情况，可以将中国经济系统中的 38 个部门分为如下 4 大类：（1）逐渐减弱型（即 s1，s21，s22，s25，s27 及 s36）；（2）先增强后减弱型（即 s2，s3，s4，s5，s7，s8，s9，s12，s13，s18，s20，s29，s31 及 s33）；（3）持续增强型（即 s6，s10，s14，s16，s17，s24，s28 及 s32）；（4）先减弱后增强型（即 s11，s15，s19，s23，s26，s30，s34，s35，s37 及 s38）。其中工业 20 个行业大部分属于"先增强后减弱"型，这也说明中国工业生产结构在 2010 年之后向"减碳"的方向扭转，但其中的金属冶炼及压延加工业由于较高的贡献率需要重点研究与关注。对于属于"持续增强"型的工业行业（多为制造业），应予以更多的关注。中国作为制造业大国，在完成产业升级之前，如何提高制造行业生产技术和生产率，对国家碳减排将产生重要影响。除此之外，还应看到，17 个建筑业及第三产业行业中，有 7 个行业属于"先减弱再增强型"，表明这些行业在 2010 年之后，其行业结构和技术改变的发展不利于中国"低碳"转型。结合图 4 - 9 中的绝对贡献率，可以看到交通运输及仓储业、批发和零售贸易业是较需要进行生产结构升级的行业。

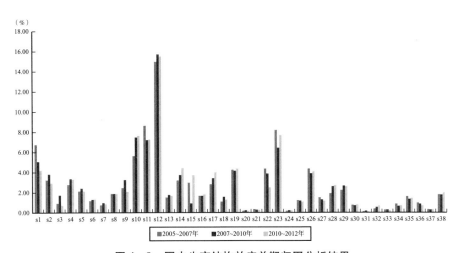

图 4 - 9　国内生产结构效应单期归因分析结果

4.4.6 能源强度效应及国内生产结构效应多期归因结果

基于 2005～2012 年中国碳排放强度乘法结构分解分析的结果，本节对能源强度效应及国内生产结构效应进行归因分析，以得到在这 7 年间，行业维度对中国碳排放强度变化的贡献情况。如图 4－10 所示，2005～2012 年，中国能源强度的变化使得总碳排放强度下降 33.97%，其中，35.96% 的影响因素来源于金属冶炼及压延加工业，12.66% 来源于化学工业，8.45% 来源于非金属矿物制品业，6.21% 来源于交通运输及仓储业，3.25% 来源于煤炭开采洗选及石油和天然气开采业，上述五个行业为中国能源强度变化的最主要来源。另外，在图 4－10 中，s1 代表第一产业贡献率，s2～s21 代表工业，s22～s38 代表建筑业及第三产业。可以看到，近年来除上述五大行业外，其余行业对能源强度降低的贡献均较小。这也在一定程度上表明，在中国完成碳减排目标的过程中，各行业的"减碳"发展并不均衡。同时也说明，工业较其他行业而言，属于高耗能行业，相应的减排潜力也会更大一些。

基于图 4－10 可以看出，中国之前的主要减排成果还是集中在几个主要行业中。今后的减排方向应该从"重点产业"转向"重点产业链"，注重"减排结构"的调整。从产业链的特点出发，制定一系列有利于整体产业链低碳发展的制度和措施。其中，基于本节的归因分析结果，在通过能源强度效应降低总碳排放强度这一问题中，找到与第三产业紧密联系的相关上游行业，深挖减排要点，整体减排，从而实现减排结构合理化的目的。

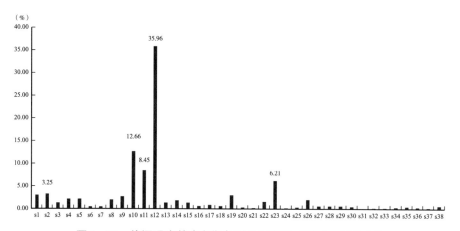

图 4－10　能源强度效应多期归因分析结果（2005～2012 年）

对国内生产结构效应进行多期（2005～2012 年）归因分析，结果如图 4-11 所示。与能源强度效应多期归因分析结果相比，各行业国内生产结构效应对国家总碳排放强度变化的贡献呈现较为平均且分散的特点。其中，最主要的五个行业贡献度从高到低依次为：金属冶炼及压延加工业（13.16%）、交通运输及仓储业（9.01%）、非金属矿物制品业（8.92%）、农林牧渔及相关服务业（6.46%）以及化学工业（5.16%）。与图 4-10 中的结果相比，归因分析结果中的最高值小很多。并且在图 4-11 中，除上述五个行业之外，其他行业的贡献率也十分显著。其中，农业贡献率为 6.46%，工业总贡献率为 61.01%，建筑业及第三产业贡献率为 32.54%。可以看到建筑业及第三产业的贡献率约为工业的一半。因此，在中国第三产业发展没有成熟之前，学习并建立先进、低碳的行业技术和规则已经变成十分迫切的问题。在通过提高生产技术从而改善中国行业维度生产结构的过程中，需要从产业链的角度出发，而并非某一单一行业，这样才能从整体上改善目前中国生产结构对国家总碳排放强度影响不稳定的局面。

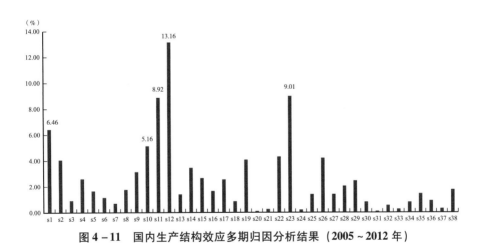

图 4-11　国内生产结构效应多期归因分析结果（2005～2012 年）

4.5　本章小结

本章介绍了分解分析方法的一般分类、适用范围及相关研究应用。其中，本章选择基于投入 - 产出模型的结构分解分析方法对中国 2002～2012 年总二氧化碳排放强度的变化分别进行单期及多期影响因素分析。一般来说，对强度指标的分解更适合使用乘法分解的方式。然而，乘法结构分解分析由于模型本身的复杂度和计算的复杂性，其应用并不十分广泛。最终，考虑到结果稳定性和计算简便性，本书选择采用近似 D&L 方法（即平均极分解）将中国总碳排放强度的变化通过乘法结构分解为排放系数效应、能源结构效应、能源强度效应、国内生产结构效应以及国内最终需求结构效应。

实证分析结果表明，2002～2012 年中国总二氧化碳排放强度呈先增后降趋势。可以预期中国完成 2020 年节能减排目标的压力是不大的。另外，随着中国总二氧化碳排放强度的逐年下降，碳减排的难度越来越大，碳减排幅度也越来越小。因此，有必要对中国总碳排放强度的变化进行量化研究，找到下一步碳减排的潜力所在。

2005～2012 年促进中国总碳排放强度下降的最重要因素是能源强度效应，且该效应为持续抑制效应。中国在基本实现"十一五"时期内节能减排目标（即单位 GDP 能耗下降 19.1%）后，能源强度相关减排成果得到了很好的巩固。另外，由于中国发电技术不断提高，电力行业的二氧化碳排放系数不断降低，排放系数效应也呈现持续抑制作用，只是影响的幅度较小。能源结构效应是五个影响因素中唯一呈现持续促进作用的因素，但促进的程度呈现逐渐降低趋势。这表明，中国能源结构改善工作有一定进展，但其工作成效需要一段时间才能得以发挥和维持，发掘并大规模经济地利用清洁能源与可再生能源是中国目前亟待解决的难题。国内生产结构对碳排放强度的变化产生的影响较为不稳定，这说明先前生产结构调整的某些成果并没有巩固住，还需要进行更加有针对性的研究。国内最终需求结构效应总体来看发挥了促进的作用，但在 2007～2012 年持续表现为抑制作用，这表明中国需求侧管理成效显著，可以借鉴之前的减排经验继续优化需求侧结构。

归因分析的模型构建基于分解分析的模型以及代数平均指数。本章提出的归因分析模型基于乘法近似 D&L 方法的结构分解分析。通过对中国 2005～2012 年能源强度效应以及国内生产结构效应进行单期及多期归因分析，可知工业（尤其是金属冶炼及压延加工业）能源强度下降是导致中国近些年总碳排放强度变化的最主要因素。农业、建筑业以及第三产业所占比重相对较小，并且影响占比逐年微小幅下降。这表明中国较高的能源强度水平主要来源于"高污染""高排放"的工业。中国"十一五"规划中的相关节能减排政策收到了极好的成效。对于国内生产结构而言，工业虽然也是导致其变化的主要因素，但各行业贡献率分配较平均。工业和第三产业中均存在对国家生产结构升级较为关键的行业，即金属冶炼及压延加工业、交通运输仓储及运输业。总体而言，中国"减碳"成效呈现出单一行业突出、减排结构不合理的特点。因此，在今后的"减碳"工作中，要将注意力从"关键行业"转向"关键产业链"，扩大研究视角和政策制定对象范围，在已经取得的减排成效的基础上，更加注重减排结构合理性这一要素，使国家的低碳工作及成效更有可持续性。

第5章　供给视角下中国碳排放强度变化的影响因素分析

5.1　引　言

本章节从供给的视角，以高希投入－产出模型[77]为基础，对中国 2002～2012 年总二氧化碳排放强度的变化进行 6 因素乘法结构分解分析。1958 年，高希（A. Ghosh）使用分配函数建立了一个与里昂惕夫投入－产出模型相似的模型，即高希投入－产出模型。高希投入－产出模型适用于中央集权控制下的计划经济，物质资源和生产能力均是有限的，但劳动力供应却是充足的。中央集权决定每个部门的分配清单，寻找最优分配方式，以国家和社会福利最大化为最优函数，以服从可能的生产组合为约束条件。与里昂惕夫投入－产出模型相比，高希投入－产出模型以初始投入（即部门增加值）为研究出发点，以分配结构稳定性为基本假设，研究部门总投入的变化情况。两种模型建立的基本思想相同。有学者[62]已经证明，将高希模型解释为价格模型时，它与里昂惕夫价格模型是等价的，这为高希模型的发展和应用奠定了夯实的理论基础（E. Dietzenbacher, 1998）。邦等（R. Bon et al., 1993）使用英国数据对需求方（demand-side）和供应方（supply-side）投入－产出模型进行相对稳定性分析。在总产出预测方面，里昂惕夫模型表现更好；但对于多部门情况，高希模型表现更好。特别对于成熟经济部门，如农业、采矿业和建筑业，高希模型能够更好地预测。

鉴于里昂惕夫和高希 I-O 模型之间的差异[231]，两者对二氧化碳排放强度相关的分析和结果是不同的。考虑到研究的完整性，所以以本章节采用了作为里昂惕夫 I-O 模型有益补充的高希 I-O 模型。在结构分解分析（SDA）研究中，使用了基于里昂惕夫和高希 I-O 模型的加法 SDA[125,246]已取得了丰富而全面的成果，基于里昂惕夫和高希 I-O 模型的乘法 SDA 的相关研究也具有较好的理论和实践意义，但仍需要更多的关注。[179,200] 在中国经济 - 能源 - 环境系统中，基于里昂惕夫和高希 I-O 模型的乘法 SDA 可以同时从需求和供给两个角度来研究二氧化碳排放强度的影响因素，而这方面的研究目前较为缺乏。

同样地，本章节先从研究方法、基本假设、模型构建对本章采用的乘法 SDA 方法进行详细阐述。本章将中国生产系统划分为 38 部门，基于非竞争型进口假设，以 16 种一次能源和 1 种二次能源为基础进行二氧化碳排放强度的核算。具体的分解结果及各效应影响的变化也有详细讨论。随后，基于前面的乘法 SDA 模型构建及研究结果，主要对能源强度效应（即最大抑制作用因素）进行归因分析，得到行业维度通过能源强度因素对中国总碳排放强度产生影响的贡献率。

5.2　研　究　方　法

本章节与第 4 章一样是对中国 2002～2012 年二氧化碳排放强度进行乘法结构分解分析，探究其主要的促进及抑制因素及重要的部门贡献。与第 4 章不同的是，本章是以供给的视角，基于高希投入 - 产出模型对中国碳排放强度进行分析与研究。

5.2.1　研究假设

假设 5 - 1：基于高希投入 - 产出模型进行结构分解分析

高希投入 - 产出模型[77] 从供给的角度出发，模拟现实经济的分配情况。高希模型作为里昂惕夫模型的有益补充，近年来也得到了较多的关注与应用。由于中国目前不完全市场经济的特性，本章节采用以高希投入 - 产出模型为基础的乘法 SDA 研究中国二氧化碳排放强度影响因素。

假设 5 - 2 至假设 5 - 6 同章节 4.2.1。

5.2.2　基于高希投入 - 产出模型的结构分解分析方法

非竞争型进口假设下，标准高希投入 - 产出模型可以写成：

$$X' = 1' \cdot Z_d + 1' \cdot Z_i + v' \tag{5-1}$$

$$B_d = \hat{X}^{-1} \cdot Z_d \tag{5-2}$$

$$X' = (m' + v')(I - B_d)^{-1} = (m' + v')G_d \tag{5-3}$$

其中，X 是 n 维总投入向量；Z_d 为（n×n）阶国内中间投入矩阵；Z_i 为（n× n）阶进口中间投入矩阵；B_d 为（n×n）阶国内分配系数矩阵；$m = Z_i' \cdot 1$ 是 n 维部门层面的进口中间投入向量；G_d 为（n×n）阶国内高希逆矩阵；I 是（n×n）阶单位矩阵。

从供给的角度出发，中国总二氧化碳排放量可以表示为：

$$C^G = f_X \cdot X = f_X G_d'(m + v) \tag{5-4}$$

其中，C^G 表示以收入为基础的总二氧化碳排放量；f_X 是 n 维单位总产出的二氧化碳排放向量。

在高希 I-O 框架下，GDP 可以用生产法计算：

$$GDP^G = 1'v \tag{5-5}$$

根据式（5－4）和式（5－5），以收入为基础的二氧化碳排放强度可表示为：

$$r^G = \frac{C^G}{GDP^G} = \frac{f_v G_d'(m + v)}{1'v} \tag{5-6}$$

为了研究二氧化碳排放强度的几个重要驱动因素，将式（5－6）重写如下：

$$r^G = (E_e S_e') \cdot I_o' G_d'(S_{mv} + S_v) \tag{5-7}$$

其中，E_e 是 m 维二氧化碳排放系数向量；S_e 为（n×m）阶能源消耗结构矩阵；I_o 为 n 维单位部门总产出的能源消耗向量；$S_{mv} = \dfrac{m}{1'v}$ 为 n 维单位增加值的进口中间投入向量；$S_v = \dfrac{v}{1'v}$ 为 n 维增加值的结构向量；m 为能源种类的数量，n 为经济系统中所涉及的部门数量。

基于式（5－7），本章拟将中国碳排放强度的变化通过乘法分解为 6 个影响因素，即：

$$D_{tot}^G = \frac{r_G^1}{r_G^0} = D_{E_e}^G D_{S_e}^G D_{I_o} D_{G_d} D_{S_{mv}} D_{S_v} \tag{5-8}$$

其中，D_{tot}^G 是收入为基础的二氧化碳排放强度从时间 0 到时间 1 变化的总效应；$D_{E_e}^G$ 是高希排放系数效应；$D_{S_e}^G$ 是高希能源结构效应；D_{I_o} 是总产出相关能源强度效应；D_{G_d} 是国内高希结构效应；$D_{S_{mv}}$ 是 m-v 的比例效应；D_{S_v} 是增加值的结构效应。

分解分析存在分解形式导致结果不稳定的问题，因此以 SDA 方法中的 D&L 和 IDA 方法中的 S/S 来解决上述问题，同时考虑了所有 n! 个等价精确分解形式。但等价精确分解形式的数目是随着因子数的增加而呈指数增长的，例如式（5 – 8）就有 720 个等价的精确形式，所以以 D&L（也是 S/S）方法的缺点来自计算复杂度。有学者提出了一种近似的 D&L 方法，即 Polar D&L 方法，从而可以实现结果精度和计算复杂度之间的平衡（E. Dietzenbacher and B. Los，1998）。此外，在分解分析（Su B，Ang B W，2012）和归因分析（Su B，Ang B W，2014）中，基于近似技术得到的结果精度均是满足要求的。在实际应用中，当因子数比较小时，通常采用完整 D&L 方法。否则，可以考虑近似方法。此外，D&L 方法可以处理投入 – 产出表中的零值和负值。因此，本章采用平均极分解形式（Dietzenbacher E，Los B，1998）。

$$D_{E_e}^G = \sqrt{\left(\frac{U_{111111}}{U_{011111}}\right) \cdot \left(\frac{U_{100000}}{U_{000000}}\right)} \qquad (5-9)$$

$$D_{S_e}^G = \sqrt{\left(\frac{U_{011111}}{U_{001111}}\right) \cdot \left(\frac{U_{110000}}{U_{100000}}\right)} \qquad (5-10)$$

$$D_{I_0} = \sqrt{\left(\frac{U_{001111}}{U_{000111}}\right) \cdot \left(\frac{U_{111000}}{U_{110000}}\right)} \qquad (5-11)$$

$$D_{G_d} = \sqrt{\left(\frac{U_{000111}}{U_{000011}}\right) \cdot \left(\frac{U_{111100}}{U_{111000}}\right)} \qquad (5-12)$$

$$D_{S_{mv}} = \sqrt{\left(\frac{U_{000011}}{U_{000001}}\right) \cdot \left(\frac{U_{111110}}{U_{111100}}\right)} \qquad (5-13)$$

$$D_{S_v} = \sqrt{\left(\frac{U_{000001}}{U_{000000}}\right) \cdot \left(\frac{U_{111111}}{U_{111110}}\right)} \qquad (5-14)$$

以上各式中，$U_{ttttt} = (E_e^t S_e^{t\,\prime}) \cdot I_0^{t\,\prime} G_d^{t\,\prime} (S_{mv}^t + S_v^t)$（$t = 0$，$1$）。

5.2.3　归因分析

归因分析用于量化个体对总体变化的影响程度。SDA 中的乘法 D&L 方法在概念上类似于 IDA 中的广义费雪指数法。本节采用苏斌和洪明华（2014）[176] 提出的基于广义费雪指数的归因分析方法对基于高希 I-O 模型的能源强度效应进行研究。

首先，以产出相关能源强度效应为例，将式（5－11）改写为：

$$D_{I_0} = \left(\frac{U_{001111}}{U_{000111}}\right)^{\frac{1}{2}} \cdot \left(\frac{U_{111000}}{U_{110000}}\right)^{\frac{1}{2}} \qquad (5-15)$$

由式（5－15）右边的第一个式子，可以得到如下等式：

$$\sum_{j=1}^{n}\left(\frac{E_e^0 S_{ej}^{0\,\prime} \cdot I_{oj}^1 G_{dj}^{1\,\prime}(S_{mv}^1 + S_v^1)}{U_{001111}} - \frac{E_e^0 S_{ej}^{0\,\prime} \cdot I_{oj}^0 G_{dj}^{1\,\prime}(S_{mv}^1 + S_v^1)}{U_{000111}}\right)$$

$$= \sum_{j=1}^{n} L\left(\frac{E_e^0 S_{ej}^{0\,\prime} \cdot I_{oj}^1 G_{dj}^{1\,\prime}(S_{mv}^1 + S_v^1)}{U_{001111}}, \frac{E_e^0 S_{ej}^{0\,\prime} \cdot I_{oj}^0 G_{dj}^{1\,\prime}(S_{mv}^1 + S_v^1)}{U_{000111}}\right) \qquad (5-16)$$

$$\times \left[\ln\left(\frac{I_{oj}^1}{I_{oj}^0}\right) - \ln\left(\frac{U_{001111}}{U_{000111}}\right)\right] = 0$$

其中，L 为对数平均函数，可以定义为 $L(a, b) = \dfrac{(a-b)}{(\ln a - \ln b)}$，$j$ 代表 j 部门的能源强度、能源消费结构和国内高希结构。通过求解式（5－16）可以得到：

$$\ln\left(\frac{U_{001111}}{U_{000111}}\right) = \sum_{j=1}^{n} u_{j,1}^{I_o} \ln\left(\frac{I_{oj}^1}{I_{oj}^0}\right) \qquad (5-17)$$

$$u_{j,1}^{I_o} = \frac{L\left(\dfrac{E_e^0 S_{ej}^{0\,\prime} \cdot I_{oj}^1 G_{dj}^{1\,\prime}(S_{mv}^1 + S_v^1)}{U_{001111}}, \dfrac{E_e^0 S_{ej}^{0\,\prime} \cdot I_{oj}^0 G_{dj}^{1\,\prime}(S_{mv}^1 + S_v^1)}{U_{000111}}\right)}{\displaystyle\sum_{j=1}^{n} L\left(\dfrac{E_e^0 S_{ej}^{0\,\prime} \cdot I_{oj}^1 G_{dj}^{1\,\prime}(S_{mv}^1 + S_v^1)}{U_{001111}}, \dfrac{E_e^0 S_{ej}^{0\,\prime} \cdot I_{oj}^0 G_{dj}^{1\,\prime}(S_{mv}^1 + S_v^1)}{U_{000111}}\right)}$$

$$(5-18)$$

$$\sum_{j=1}^{n} u_{j,1}^{I_o} = 1 \qquad (5-19)$$

同理，通过式（5－15）右边的第二个式子，可以得到：

$$\ln\left(\frac{U_{111000}}{U_{110000}}\right) = \sum_{j=1}^{n} u_{j,2}^{I_o} \ln\left(\frac{I_{oj}^1}{I_{oj}^0}\right) \qquad (5-20)$$

$$u_{j,2}^{I_o} = \frac{L\left(\dfrac{E_e^1 S_{ej}^{1\,\prime} \cdot I_{oj}^1 G_{dj}^{0\,\prime}(S_{mv}^0 + S_v^0)}{U_{111000}}, \dfrac{E_e^1 S_{ej}^{1\,\prime} \cdot I_{oj}^0 G_{dj}^{0\,\prime}(S_{mv}^0 + S_v^0)}{U_{110000}}\right)}{\displaystyle\sum_{j=1}^{n} L\left(\dfrac{E_e^1 S_{ej}^{1\,\prime} \cdot I_{oj}^1 G_{dj}^{0\,\prime}(S_{mv}^0 + S_v^0)}{U_{111000}}, \dfrac{E_e^1 S_{ej}^{1\,\prime} \cdot I_{oj}^0 G_{dj}^{0\,\prime}(S_{mv}^0 + S_v^0)}{U_{110000}}\right)}$$

$$(5-21)$$

$$\sum_{j=1}^{n} u_{j,2}^{I_o} = 1 \qquad (5-22)$$

基于式（5-17）和式（5-20），可以将 D_{I_o} 写成：

$$\ln D_{I_o} = \frac{1}{2}\ln\left(\frac{U_{001111}}{U_{000111}}\right) + \frac{1}{2}\ln\left(\frac{U_{111000}}{U_{110000}}\right) \tag{5-23}$$

$$= \sum_{j=1}^{n}\left(\frac{1}{2}u_{j,1}^{I_o} + \frac{1}{2}u_{j,2}^{I_o}\right)\ln\left(\frac{I_{oj}^1}{I_{oj}^0}\right) = \sum_{j=1}^{n}u_j^{I_o}\ln\left(\frac{I_{oj}^1}{I_{oj}^0}\right)$$

$$u_j^{I_o} = \frac{1}{2}\left(u_{j,1}^{I_o} + u_{j,2}^{I_o}\right) \tag{5-24}$$

其中，j 代表 j 部门的能源消费结构、能源强度和国内高希结构，$u_j^{I_o}$、$u_{j,1}^{I_o}$、$u_{j,2}^{I_o}$ 均为对应不同情况下的权重系数，并且 $\sum_{j=1}^{n}u_j^{I_o} = 1$。

将式（5-23）等价转换为乘法形式：

$$D_{I_o} = \prod_{j=1}^{n}D_{I_o,j} = \prod_{j=1}^{n}\left(\frac{I_{oj}^1}{I_{oj}^0}\right)^{u_j^{I_o}} \tag{5-25}$$

其中，$u_j^{I_o}$ 是 j 部门产出相关碳排放强度变化对 D_{I_o} 的贡献度，$D_{I_o,j}$ 为 j 部门产出相关碳排放强度变化对 D_{I_o} 的总贡献。

5.3　数据来源

本章采用2002年、2007年和2012年的中国投入－产出表以及2005年和2010年的中国扩展投入－产出表进行分析。考虑到竞争型进口假设可能会产生高估研究结果的现象，因此将不同年份的原始 I-O 表编制为非竞争型进口形式，如表4-1所示。本章中经济系统由38个部门组成，在能源环境领域的实证研究中40左右部门数的设置有利于结果稳定性（Su B，Huang H C，Ang B W et al.，2010）。同时使用标准和扩展的 I-O 表也可以减少时间整合对分解结果的影响，特别是在部门层面（Su B，Ang B W，2012），具体账户设置如表4-2所示。

原始 I-O 表是根据当年的价格指数编制的。对于多年份的实证研究，需统一不同年份的价格指数。因此，本章采用2002年的价格指数对2005年、2007年、2010年和2012年的 I-O 表的数据进行平减。参考杨和拉尔（2010）的研究，第一产业采用的是农业生产者价格指数（张志强，曾静静，曲建升，2011），第二产业采用工业生产者价格指数（国家统计局城市社会经济调查司，2013），第三产业和建筑业采用了 GDP 平减指数（张志强，曾静静，曲建升，2011）。

本章用17种能源消耗来估算二氧化碳排放，包括原煤、精煤、其他水洗煤、焦炭、焦炉煤气、其他煤气、其他焦化产品、原油、汽油、煤油、柴油、燃料油、液化石油气、炼厂气、其他石油产品、天然气和电力。38个行业的能源消耗数据根据"数据处理方案2"进行处理，数据来自《中国能源统计年鉴》。本章在计算二氧化碳排放时，去掉了原材料的能源消耗。由于考虑电力消耗，为了避免重复核算，因此不考虑电力部门的化石能源消耗。上述能源（除电力外）的详细排放系数列于第4章表4－3，电力的二氧化碳排放系数见图4－1。

5.4　实证结果分析

5.4.1　中国总二氧化碳排放强度变化趋势分析

从供给的角度来看，如图5－1所示，除2005年外，以收入为基础的二氧化碳排放强度从2002年的2.2614吨二氧化碳/万元下降为2012年的1.6157吨二氧化碳/万元。相应地，GDP从12 186亿元增加到38 920亿元。从图5－1中可以看出，唯一增加的时间段是2002～2005年，幅度为0.0454吨二氧化碳/万元或2.01%。而2007～2010年的下降幅度最大，为0.2951吨二氧化碳/万元

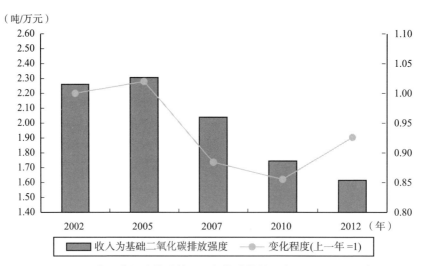

图5－1　以中国收入为基础的总二氧化碳排放强度（2002～2012年）

或 14.47%。排放强度年平均下降速度最快出现在 2005～2007 年，年均下降 5.97%。在不考虑数值差异的情况下，从高希 I-O 模型和里昂惕夫 I-O 模型得到宏观排放分析的主要结论是相似的。

5.4.2　中国总二氧化碳排放强度单期影响因素分析

具体结构分解结果如图 5-2 所示，高希排放系数效应 $D_{E_e}^G$ 和高希能源结构效应 $D_{S_e}^G$ 分别有助于碳排放强度较小幅度地减少（$0.96 < D_{E_e}^G < 1$）和增加（$1 < D_{S_e}^G < 1.03$）。值得强调的是，产出相关能源强度效应 D_{I_o} 是碳排放强度降低的主要因素，并在 2002～2012 年一直有较大幅度的下降（$0.84 < D_{I_o} < 0.94$）。反映供给分配结构的国内高希结构效应 D_{G_d} 抵消了 D_{I_o} 负向效应使 2002～2010 年碳排放强度增加。直至 2012 年，D_{G_d} 才有相对较小的负效应。m-v 的比率效应 $D_{S_{mv}}$ 在 2002～2005 年表现为正效应，但在 2005～2012 年转变为负效应。类似

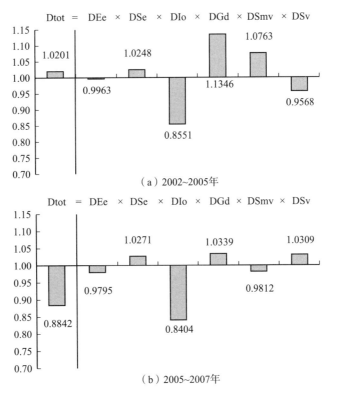

（a）2002～2005 年

（b）2005～2007 年

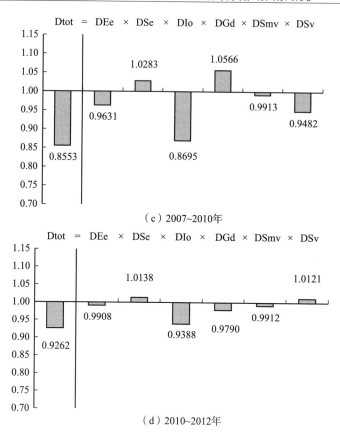

（c）2007~2010年

（d）2010~2012年

图 5－2　供给视角下中国各期总二氧化碳排放强度变化
影响因素及影响程度（2002～2012 年）

于第 4 章中 D_{H_d} 的结果，增加值结构效应 D_{S_v} 也表现出反调现象，也就是说，D_{S_v} 在 2002～2005 年和 2007～2010 年的效应值小于 1，而在 2005～2007 年和 2010～2012 年的效应值大于 1。

　　由于同时采用了里昂惕夫 I-O 模型和高希 I-O 模型，可以得到更丰富的结果和对比，特别是在结构效应方面。能源结构效应从需求和供给两方面都使碳强度略有增加。与不稳定的生产结构表现不同，分配结构呈现出持续改善的态势，并最终在 2012 年出现负效应，最终，与来自需求侧的最终需求结构效应不同，来自供给侧的增加值结构效应表现不稳定，表明降低碳强度的信号不令人满意。为此，要通过各种结构性改革措施，不断调整和优化需求侧的生产结构和供给侧的增加值结构。

5.4.3　中国总二氧化碳排放强度多期影响因素分析

中国 2002~2012 年二氧化碳排放强度合计下降 28.55%，其中排放系数效应、能源强度效应及增加值结构效应都表现为反向抑制作用，能源结构效应、国内分配结构效应及 m-v 比率效应都表现为正向促进作用。总体来说，中国碳排放强度的下降主要来源于能源强度的下降（39.95%）；排放系数效应和增加值结构效应产生的改善作用较小，但排放系数效应一直很稳定。

如图 5-3 所示，三个正向促进因素均属于结构因素。其中，分配结构效应产生的正向促进作用最大。这表明，节能减排工作需要积极地与分配结构的调整联系起来。正向作用次大的是能源结构效应。由于中国是传统的煤炭消费大国，能源结构的调整是一项需要持续进行的系统工程，还需要一些时间的努力。除此之外，国内 m-v 比率效应对中国碳排放强度也表现为正向促进作用，但其影响程度最小，远小于国内分配结构效应。多期结构分解分析的结果表明，近年来中国增加值结构的变化对碳排放强度起到了绝对的抑制作用。

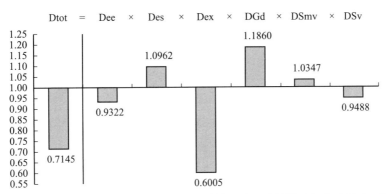

图 5-3　供给视角下中国总二氧化碳排放强度变化影响因素及影响程度（2002~2012 年）

5.4.4　能源强度效应单期归因分析结果

结构分解分析结果表明，能源强度效应是最关键的影响因素。在确定重点产业时，有必要将能源强度效应进一步进行归因分析。

基于高希 I-O 模型的产出相关能源强度的归因结果如图 5-4 所示。值得注意的是，在里昂惕夫 I-O 框架和高希 I-O 框架下关于能源强度的定义是不同的。在本节中，2002~2005 年能耗强度的负效应主要由 s11、s19 和 s4 驱动（$D_{I_o,11,19,4}^{2002-2005}=0.8358$）；从 2005 到 2007 年，主要由 s12、s10 和 s19 驱动（$D_{I_o,12,10,19}^{2005-2007}=0.8640$）；从 2007 年到 2010 年，主要由 s12、s10 和 s11 驱动（$D_{I_o,12,10,11}^{2007-2010}=0.9196$）；从 2010 年到 2012 年，主要由 s12 驱动（$D_{I_o,12}^{2010-2012}=0.9532$）。在行业层面，特别是 2002~2005 年的 s12 和 s1 以及 2005~2007 年的 s11 行业能源强度的显著正效应值得关注。总体而言，有利于降低二氧化碳排放强度的部门数量总是占大多数，如 2010~2012 年共有 30 个部门。

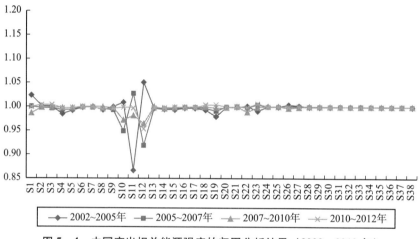

图 5 – 4　中国产出相关能源强度的归因分析结果（2002~2012 年）

具体而言，权重系数大、贡献显著的关键部门如表 5 – 1 所示。如前所述，当 $D_{I_0,j} > 1$ 时，更大的 $u_j^{I_0} u_j^{I_0}$ 值有利于提高整体能源强度的正效应，反之亦然。值得强调的是，权重系数在部门层面上并不能改变正/负效应的方向，它只能影响（放大/缩小）效应值的大小。根据表 5 – 1，s12、s11 和 s10 是造成总能源强度负面效应的前三个关键部门，但考虑到 s23 和 s19 的减排潜力，近期应加大对它们的宏观调控力度。

表 5 – 1　关键部门产出相关能源强度效应归因分析结果（2002~2012 年）

部门编码	2002~2005 年		2005~2007 年		2007~2010 年		2010~2012 年	
	$u_j^{I_0}$	$D_{I_0,j}$	$u_j^{I_0}$	$D_{I_0,j}$	$u_j^{I_0}$	$D_{I_0,j}$	$u_j^{I_0}$	$D_{I_0,j}$
S12	0.2411	1.0506	0.2856	0.9187	0.2988	0.9462	0.2994	0.9532
S11	0.1238	0.8665	0.1055	1.0275	0.1035	0.9814	0.1069	0.9971

部门编码	2002~2005 年		2005~2007 年		2007~2010 年		2010~2012 年	
	u_j^{I0}	$D_{I0,j}$	u_j^{I0}	$D_{I0,j}$	u_j^{I0}	$D_{I0,j}$	u_j^{I0}	$D_{I0,j}$
S10	0.1043	1.0088	0.1027	0.9490	0.0969	0.9718	0.0951	0.9985
S23	0.0842	0.9907	0.0851	1.0042	0.0900	0.9987	0.0951	1.0064
S19	0.0419	0.9795	0.0405	0.9910	0.0403	0.9969	0.0398	1.0043
S4	0.0269	0.9847	0.0214	0.9935	0.0214	0.9970	0.0209	0.9970

总体而言，第三产业表现稳定，各部门能源强度效应的波动主要来自农业和第二产业，如图 5-4 所示。现阶段，少数几个关键行业的能源强度表现决定了整体能源强度效应，如 s12、s11、s10 的表现。事实上，这对于未来的碳减排来说是一个不确定的因素。换句话说，必须在所有部门之间平衡减排权重，才能获得更大的减排潜力。

5.5　本 章 小 结

得益于与发电有关的技术进步，排放系数效应几乎总是表现为微弱的负效应，而能源结构效应因其在煤炭消费中所占比例较高而表现为正效应。利用可再生能源（如光伏发电、风力发电）和能源价格（如电力、天然气定价机制）改革，将有助于提高非化石能源消耗比例。

国内里昂惕夫结构效应和增加值结构效应都表现出了反调现象，这可能是投入 - 产出延长表的使用所致。如第 5.3 节所述，投入 - 产出延长表是根据统计资料估算编制的，而不是通过直接调查。为了识别不稳定的结构效应，进行了只基于标准投入 - 产出表的乘法 SDA。根据新的分解结果，2002~2007 年和 2007~2012 年，国内里昂惕夫结构效应都为负值。2002~2007 年和 2007~2012 年增加值结构效应为负效应。此外，随着抑制效应的下降，国内生产结构需要不断调整。国内高希结构效应为正效应。在这方面，里昂惕夫结构效应表现相反。因此，宏观调控应该更加注重分配结构的调整。值得强调的是，分配结构的调整应考虑生产和市场之间的密切关系。

就能源强度效应而言，"金属冶炼和压制""非金属矿物产品制造"和"化学工业"部门是导致负效应的前三部门。依据权重系数，上述三个行业的能源强度变化对整体能源强度效应的影响要大于权重系数较小的行业。换句话说，整体能源强度效应的下降主要得益于能源强度不断降低和权重系数较大的行业的下降。因此，有两种方法可以维持和加强国家能源/碳强度的下降趋势。一种是通过技术改进和减少落后产能来进一步降低权重系数较大行业（如上述三个传统行业）的能源强度；另一种是通过调整产业结构提高能源强度持续小幅下降的产业的权重系数（如"通用和专用机械制造""运输设备制造""计算机、通信和其他电子设备制造"部门和其他高科技产业）。

第 4 章和第 5 章分别从需求和供给的视角研究了 2002～2012 年中国二氧化碳排放强度变化的影响因素。从需求角度来看，以 2005 年为基准，到 2012 年，二氧化碳排放强度每年下降 5.09%。为了实现 2020 年和 2030 年的减排目标，从 2005 年到 2020 年，二氧化碳排放强度需要分别每年降低 3.35%～3.91% 和 3.6%～4.11%。基于同一基准年份，从供给角度来看，二氧化碳排放强度在 2005～2012 年每年下降 4.66%，实现 2020 年和 2030 年减排目标年减少率的相应界限与基于里昂惕夫投入－产出模型的界限相同。然而，从需求角度来看，以 2012 年为基准年，二氧化碳排放强度预计每年将分别减少 1.8%～2.86% 和 2.18%～2.7%，从供给角度来看，到 2020 年和 2030 年将分别减少 2.19%～3.24% 和 3.18%～3.9%。基于上述结果，中国预计实现 2030 年减排目标的难度将超过实现 2020 年目标。此外，从供应方实现减排目标比从需求方实现要困难得多。因此，在可持续发展的基本要求下，中国迫切需要进行供给侧结构性改革。

第二产业在中国的经济和环境表现中发挥着重要作用，中国政府强调制造业的创新能力和基础能力。作为减排初期的主要贡献者，传统产业应通过资源配置和能源结构调整实现产业升级。与此同时，高端制造业的创新和生产率的提高应得到更多关注。换句话说，中国应该大力发展环境友好的和具有高附加值的高科技产业。总之，要实现 2030 年减排目标，实现减排主体从传统产业向高科技产业的转移至关重要。

第6章 行业碳排放强度敏感性分析

6.1 引　　言

所谓的"中国发展模式"一直依赖政府"看得见的手"的刺激。这种模式在促进经济快速发展的同时，不可避免地带来了严重的环境和能源发展问题。2006～2012 年，中国能源消费年均增长 6%，支撑了国内生产总值（GDP）年均增长 10.1%。现在，中国已经成为世界上最大的能源消费国，二氧化碳排放总量居世界前列。对于中国而言，合理提高能源利用效率、减少二氧化碳排放对实现节能减排目标十分重要。

许多提高能源效率和减少二氧化碳排放的举措在中国已经取得了很大进展。影响因素或分解分析通常用于量化和比较不同因素对能源/二氧化碳排放的影响程度。计量经济学分析可以找到能源/二氧化碳排放与经济发展之间的因果关系和关联关系。研究人员选择了可计算一般均衡（CGE）模型，通过刺激整个宏观经济来研究政策变化造成的影响，如能源补贴改革，电力生产分解，开发非化石燃料。尽管上述方法已广泛应用于能源/二氧化碳排放分析，但它们都有各自的缺陷，会直接影响结果的准确性。以分解分析为例，分解方式具有一定的随意性，会导致结果的不确定性。在计量经济分析中，同一数据库下不同的参数值会产生不一致的结果。此外，数据复杂性是一个重要因素，如 CGE 模型的数据基础是 SAM 表，其编制需要集成和平衡大量数据。

考虑到结果稳定性和数据可得性，本章的研究采用基于投入－产出表的投入－产出模型。选择投入－产出模型的另一个原因是能够同时考虑部门生产产生的直接二氧化碳排放和源于部门最终需求/初始投入的间接二氧化碳排放。投入－产出模型可以进一步分为需求侧投入－产出模型和供给侧投入－产出模型。前者被称为里昂惕夫投入－产出模型，由里昂惕夫于 1936 年提出。后者被称为高希投入－产出模型，由高希在 1958 年提出。关于投入－产出模型，在能源/二氧化碳排放研究领域已经确定了几个分支，即能源消费/二氧化碳排放核算和发展趋势分析、碳排放分析、影响因素的结构分解分析、生产/供应结构变化的影响分析[190,246]等。

2007 年，塔兰孔（M. A. Tarancón，2007）提出了一个基于里昂惕夫模型的敏感性分析方法，从需求角度识别部门层面环境指标的最敏感因素。与传统的投入－产出分析和基于投入－产出模型的 SDA 相比，基于投入－产出模型的敏感性分析的优势在于：一是可以评估技术（对于里昂惕夫模型）和分配（对于高希模型）变化的影响；二是能够进行事前分析，可以作为政策分析和制定的有效决策工具；三是这种方法采用的数据复杂度相对较低。有学者首次应用这种方法分析产品层面上二氧化碳排放强度的不确定性（Hondo，2002）。塔兰孔等人（2010）利用这一方法研究了导致电力部门二氧化碳排放的敏感因素以及制造部门对电力需求的影响。2011 年，塔兰孔等人（2011）将该方法的研究范围扩大到西班牙制造部门的电力消耗的结构和技术责任。此外，阿尔坎塔拉等人（2013）从生产角度研究了西班牙经济体系中电力消耗和发电的技术责任，提出了一个技术指标，用于在技术参数估计的基础上评估用电责任。到目前为止，这种方法还没有被广泛使用或扩展到高希模型的框架下。

基于前人的研究基础，以及本书第 4 章对中国总碳排放强度进行结构分解分析及归因分析，得到对降低中国总碳排放强度较为关键的产业。本章拟分别基于里昂惕夫和高希模型，从归因分析挑选出的重点行业出发，从需求和供给两个方向，分别寻找关键的生产关系和供给关系，最终形成并绘制较为全面的关键供给关系网络图。

6.2 研究方法

投入－产出模型可以分为需求侧和供给侧投入－产出模型。通常，在文献或研究中看到的投入－产出模型默认为里昂惕夫投入－产出模型。一直以来，里昂惕夫投入－产出模型的应用和方法发展（即与其他模型的联合开发与使用）都要多于高希模型。但近些年来，高希模型作为里昂惕夫模型的有益补充也得到了越来越多的关注和应用。两个模型之间天然地存在着联系，两者的建模基础、模型建立、适用范围等方面的区别与联系可以参考闫俊娜等人2016年的研究成果。

在环境－经济系统中存在许多的不确定性。一般而言，可以将不确定性分为认知不确定性和随机不确定性。前者来源于在某种模型的建立过程中，假定某个参数或者变量稳定不变，而这种假定是由于研究者自身不能实际确定其精确值而对现实进行一种近似模拟，并且模型的应用和模拟不能包括现实系统中全部的变量和参数。例如里昂惕夫模型的建立是以生产技术系数矩阵稳定为前提的，而高希模型假定分配技术系数矩阵不变。任何一种研究方法和模型都有其固有的假设，都是对现实复杂系统的一种近似。随机不确定性来源于拟研究系统行为的内在随机性。例如，投入变量具有随机性。基于上述不确定的存在，不确定性分析指研究来源于投入变量的不确定性对产出变量的影响。而敏感性分析是指投入变量单位不确定性对产出变量不确定性的贡献。通常来讲，敏感性分析可以分为区域内敏感性分析和多区域敏感性分析。本书的研究对象是中国，因此拟采用区域内敏感性分析。基于前面乘法结构分解分析的结果可知，国内生产结构效应对中国总碳排放强度具有持续正向促进作用，其变动情况对中国碳排放强度也有很大影响。

本章拟采用塔兰孔和德尔里奥（P. del Río，2007）提出的基于里昂惕夫模型的敏感性分析以及闫俊娜等人（2016）提出的基于高希模型的敏感性分析，针对第4章中归因分析选出的目标行业二氧化碳排放强度的变化，关于生产技术以及定量配给系数进行敏感性分析。基于投入－产出模型的敏感性分析这一方法组合天然地具有如下优势：（1）克服了投入－产出模型生产技术系数/分配系数稳定性假设，能够研究其变化带来的影响；（2）属于事前研究，为气候政策的制定提供前瞻性、针对性建议；（3）数据需求量小，模型本身根据研究对象的不同而进行变换较为灵活、易实现；（4）研究结果为无量纲值，因此在不同研究对象之间具备可比性，方便研究讨论。

6.2.1 研究假设

本章采用基于投入－产出框架的敏感性分析，研究2012年行业维度生产技术以及分配系数的变化对二氧化碳排放强度的影响程度。具体的模型构建需要明确如下研究假设。

假设 6 – 1：基于非竞争型进口假设。

假设 6 – 2：部门整合假设：38 个经济部门。

假设 6 – 3：基于生产法核算国内生产总值（GDP）。

假设 6 – 4：在估算由于技术系数或分配系数变化带来的二氧化碳排放强度的相对变化值时，只允许当前系数发生变化，其余系数及变量假设其稳定不变[192]。

需要说明的是，假设 6 – 1 至假设 6 – 3 与 4.2.1 节中基于投入－产出模型的结构分解分析模型假设一致。这是因为一个完整的研究，针对同一研究对象，不同的研究方法需具有相同的基础，其结果及研究结论才具有一定的继承性及可讨论性。假设 4 是基于投入－产出框架的敏感性分析方法本身内生存在的，也是矩阵变换理论所决定的。

6.2.2　基于里昂惕夫投入－产出模型的敏感性分析

基于非竞争型进口假设，标准的里昂惕夫投入－产出模型可表述为：

$$x_i = \sum_{j=1}^{n} Z_{ij}^d + y_i^d + y_i^e (i = 1, 2, \cdots, n) \qquad (6-1)$$

$$x_i = \sum_{q=1}^{n} L_{iq}^d \cdot (y_q^d + y_q^e) \qquad (6-2)$$

$$A_d = Z_d \cdot (\hat{X})^{-1} \qquad (6-3)$$

$$L_d = (I - A_d)^{-1} \qquad (6-4)$$

其中，X 表示 n 维行业总产出列矩阵，其对应元素 x_i 表示 i 部门的总产出；Z_d 表示 n 阶国内中间商品投入矩阵，其对应元素 Z_{ij}^d 表示 j 部门来源于 i 部门的国内生产中间产品；y_i^d 表示 i 部门国内产品的最终需求；y_i^e 表示 i 部门的出口；A_d 表示 n 阶国内生产技术系数矩阵，其对应元素为 a_{ij}^d 表示 j 部门单位产量所需 i 部门提供的国内中间产品；L_d 表示 n 阶国内里昂惕夫逆矩阵，其对应元素为 L_{iq}^d 表示 q 部门单位最终产品对 i 部门国内生产产品的完全需求。

本章的研究对象与第四、第五章（即中国总二氧化碳排放强度）不同，为行业层面二氧化碳排放强度，即

$$r_m^L = \frac{C_m}{VA_m} = \frac{f_m^x \cdot x_m}{VA_m} \qquad (6-5)$$

其中，r_m^L 表示 m 行业消费为基础的单位部门增加值二氧化碳排放量，即二氧化碳排放强度；C_m 表示 m 行业二氧化碳排放量；VA_m 表示 m 行业的部门增加值；f_m^x 表示 m 部门单位行业总产出二氧化碳排放量。

将式（6-2）代入式（6-5）得到：

$$r_m^L = \frac{f_m^x \cdot \sum_{q=1}^n L_{mq}^d \cdot (y_q^d + y_q^e)}{VA_m} \qquad (6-6)$$

为研究国内生产技术变化对目标行业二氧化碳排放强度变化的影响，假定式（6-6）中右边等式中除了完全需求系数外，其余变量均稳定不变，从而得到目标行业碳排放强度的变化：

$$\Delta r_m^L = \frac{f_m^v \cdot \sum_{q=1}^n \Delta L_{mq}^d \cdot (y_q^d + y_q^e)}{VA_m} \qquad (6-7)$$

为将式（6-7）转换成国内生产技术系数（即 a_{ik}^d）与行业碳排放强度（r_m^L）关系的表达式，参考误差传递理论的 Sherman-Morrison 表达式（Dantzig G B，1949）：

$$\Delta L_{mq}^d = \frac{L_{mi}^d \cdot L_{kq}^d \cdot \Delta a_{ik}^d}{1 - L_{ki}^d \cdot \Delta a_{ik}^d} \qquad (6-8)$$

将式（6-8）代入式（6-7）得：

$$\Delta r_m^L = \frac{f_m^v}{VA_m} \cdot \frac{x_k \cdot L_{mi}^d \cdot \Delta a_{ik}^d}{1 - L_{ki}^d \cdot \Delta a_{ik}^d} \qquad (6-9)$$

至此，本书定义一个弹性指标以反映生产技术变化率对行业维度碳排放强度变化率的影响。

$$\varepsilon_{r_m^L a_{ik}}^L = \frac{\dfrac{\Delta r_m^L}{r_m^L}}{\dfrac{\Delta a_{ik}^d}{a_{ik}^d}} = \frac{x_k}{x_m} \cdot \frac{L_{mi}^d \cdot a_{ik}^d}{1 - L_{ki}^d \cdot \Delta a_{ik}^d} \qquad (6-10)$$

式（6-10）给出了由国内生产技术变化对目标行业碳排放强度变化带来的总影响。其中，等号右边表达式分别由行业总产出、行业国内生产技术系数决定。由式（6-2）看到，在行业层面，总产出由国内生产技术及国内最终需求共同决定。为排除国内最终需求的影响，这里假设各部门国内最终需求均为 1，即 $y_q^d + y_q^e = 1$，$\forall q$。基于此可以得到：

$$\varepsilon_{r_m^L a_{ik}}^{*L} = \frac{\sum_{q=1}^{n} L_{kq}^d}{\sum_{q=1}^{n} L_{mq}^d} \cdot \frac{L_{mi}^d \cdot a_{ik}^d}{1 - L_{ki}^d \cdot \Delta a_{ik}^d} \qquad (6-11)$$

其中，$\varepsilon_{r_m^L a_{ik}}^{*L}$ 表示由行业间国内生产技术变化对目标行业二氧化碳排放强度变化带来的技术影响。基于里昂惕夫模型从需求的角度建模，对式（6－11）求列和得到：

$$\varepsilon_{r_m^L a_k}^{*L} = \frac{\sum_{i=1}^{n} \varepsilon_{r_m^L a_{ik}}^{*L}}{n} \qquad (6-12)$$

其中，$\varepsilon_{r_m^L a_k}^{*L}$ 表示 k 部门国内生产技术变化产生的平均技术影响。

6.2.3　基于高希投入－产出模型的敏感性分析

基于非竞争型进口假设，标准的高希投入－产出模型可表述为：

$$x_j = \sum_{i=1}^{n} Z_{ij}^d + Z_j^i + VA_j (j = 1, 2, \cdots, n) \qquad (6-13)$$

$$x_j = \sum_{q=1}^{n} (Z_j^i + VA_j) \cdot G_{qj}^d (j = 1, 2, \cdots, n) \qquad (6-14)$$

$$B_d = (\hat{X})^{-1} \cdot Z_d \qquad (6-15)$$

$$G_d = (I - B_d)^{-1} \qquad (6-16)$$

其中，X 表示 n 维行业总投入列矩阵，其对应元素 x_j 表示 j 部门的总投入；Z_d 表示 n 阶国内中间商品投入矩阵，其对应元素 Z_{ij}^d 表示 j 部门来源于 i 部门的国内生产中间产品；Z_j^i 表示 j 部门来源于进口的中间产品；VA_j 表示 j 部门的部门增加值；B_d 表示 n 阶国内生产分配系数矩阵，其对应元素为 b_{ij}^d 表示 i 部门单位总投入向 j 部门提供的国内中间产品份额；G_d 表示 n 阶国内高希逆矩阵，其对应元素为 G_{ij}^d 表示 i 部门完成单位部门增加值及进口产生中间投入之和对 j 部门国内生产的完全供给。

在高希模型框架下，行业层面二氧化碳排放强度可以表示为：

$$r_m^G = \frac{C_m}{VA_m} = \frac{f_m^{x'} \cdot x_m}{VA_m} \qquad (6-17)$$

其中，C_m 表示 m 行业二氧化碳排放量；$f_m^{x'}$ 表示 m 行业单位总投入二氧化碳排放量。进而，将式（6－14）代入式（6－17）得到：

$$r_m^G = \frac{f_m^{x'} \cdot \sum_{q=1}^{n} (Z_m^i + VA_m) \cdot G_{qm}^d}{VA_m} \tag{6-18}$$

为研究国内定量配给变化对目标行业二氧化碳排放强度变化的影响，假定式（6-18）中等号右边等式中除了国内完全分配系数外，其余变量均稳定不变，从而得到目标行业二氧化碳排放强度的变化：

$$\Delta r_m^G = \frac{f_m^{x'} \cdot \sum_{q=1}^{n} (Z_m^i + VA_m) \cdot \Delta G_{qm}^d}{VA_m} \tag{6-19}$$

为将式（6-19）转换成国内生产分配系数（即 b_{ik}^d）与行业二氧化碳排放强度（r_m^G）关系的表达式，参考误差传递理论的 Sherman-Morrison 表达式：

$$\Delta G_{qm}^d = \frac{G_{qi}^d \cdot G_{km}^d \cdot \Delta b_{ik}^d}{1 - G_{ki}^d \cdot \Delta b_{ik}^d} \tag{6-20}$$

进而将式（6-20）代入式（6-19）得到：

$$\Delta r_m^G = \frac{f_m^{x'}}{VA_m} \cdot \frac{x_i \cdot G_{km}^d \cdot \Delta b_{ik}^d}{1 - G_{ki}^d \cdot \Delta b_{ik}^d} \tag{6-21}$$

至此，本书定义一个弹性指标以反映生产分配变化率对行业维度碳排放强度变化率的影响。

$$\varepsilon_{r_m^G b_{ik}}^G = \frac{\dfrac{\Delta r_m^G}{r_m^G}}{\dfrac{\Delta b_{ik}^d}{b_{ik}^d}} = \frac{x_i}{x_m} \cdot \frac{G_{km}^d \cdot b_{ik}^d}{1 - G_{ki}^d \cdot \Delta b_{ik}^d} \tag{6-22}$$

其中，$\varepsilon_{r_m^G b_{ik}}^G$ 表示由国内生产分配变化对目标行业二氧化碳排放强度变化带来的总影响。式（6-22）等号右边表达式分别由行业总投入、行业间国内生产分配系数决定。由式（6-14）看到，在行业层面，总投入由国内生产分配及增加值合计与进口致中间投入的总和共同决定。为排除后者的影响，这里假设各部门增加值合计与进口致中间投入的总和均为 1，即 $Z_q^i + VA_q = 1$，$\forall q$。基于此可以得到：

$$\varepsilon_{r_m^G b_{ik}}^{*G} = \frac{\sum_{q=1}^{n} G_{qi}^d}{\sum_{q=1}^{n} G_{qm}^d} \cdot \frac{G_{km}^d \cdot b_{ik}^d}{1 - G_{ki}^d \cdot \Delta b_{ik}^d} \tag{6-23}$$

其中，$\varepsilon_{r_m^G b_{ik}}^{*G}$ 表示国内生产分配变化导致行业二氧化碳排放强度变化的分配影响。基于高希模型是由供给边进行模型构建，对式（6－23）求行和即得到行业维度的平均分配影响：

$$\varepsilon_{r_{m}^{Gb}{}_{i}}^{*G} = \frac{\sum_{k=1}^{n} \varepsilon_{r_{m}^{Gb}{}_{ik}}^{*G}}{n} \qquad (6-24)$$

6.3　数据来源

基于投入－产出模型的敏感性分析的数据基础是对称投入－产出表[189]。本章的研究是乘法结构分解分析和归因分析的延续，也是基于上述章节的结果而进行的敏感性分析。因此，对称投入－产出表的编制同样基于非竞争型进口假设，具体如表6－1所示。

表6－1　　　　　　　基于非竞争型进口假设的对称投入－产出表

投入		国内中间使用				国内最终需求合计		总产出
		s1	s2	…	s38	国内最终使用	出口	
国内中间投入	s1	Z_{11}^{d}	Z_{12}^{d}	…	…	y_1^d	y_1^e	x_1
	s2	Z_{21}^{d}	Z_{22}^{d}	…	…	y_2^d	y_2^e	x_2
	…	…	…	Z_{ss}^{d}	…	…	…	…
	s38	…	…	…	…	y_{38}^d	y_{38}^e	x_{38}
进口		Z_1^i	Z_2^i		Z_{38}^i	y_i		
增加值合计		v_1	v_2		v_{38}	…	…	…
总投入		x_1	x_2		x_{38}			
二氧化碳排放强度		r_1	r_2		r_{38}	…	…	…

与前面的研究相同，本章同样将中国经济系统划分为38个部门，具体的账户设置如表4－2所示。采用2002年价格基础的2012年投入－产出表为基础进行对称投入－产出表的编制，且采用的价格基数如4.3节所述。

本章关于表 6-1 中二氧化碳排放强度的核算同样基于 17 种能源种类，即原煤、洗精煤、其他洗煤、焦炭、焦炉煤气、其他煤气、其他焦化产品、原油、汽油、煤油、柴油、燃料油、液化石油气、炼厂干气、其他石油制品、天然气及电力消费。相关的能源消费量来源于《中国能源统计年鉴》，相关排放系数参考本书 4.3 节中表 4-3（化石能源的排放系数），图 4-1（电力的排放系数）。本章中统计的能源消费量用于计算二氧化碳排放量，因此不包含用作原料部分。

6.4　实证结果分析

本章基于第 4 章中归因分析的研究结果，分别从三大产业中选出三个目标行业，即农林牧渔业及相关服务业（第一产业）、金属冶炼及压延加工业（第二产业）、交通运输及仓储业（第三产业）。分别针对上述三个行业 2012 年的生产及定量配给进行敏感性分析。

6.4.1　需求驱动型敏感性分析结果

基于里昂惕夫模型进行敏感性分析，在不剔除国内最终需求合计影响的前提下，行业层面国内生产技术变化对三个目标行业二氧化碳排放强度变化的总影响，如表 6-2 所示。以农林牧渔业及相关服务业（s1）的第一行结果为例，该结果的实际意义可表述为：若 s1 行业单位总产出所需消耗自供给国内中间产品减少 1%，则 s1 行业二氧化碳排放强度将下降 0.16%。对于降低该行业碳排放强度最重要的生产关系是其与食品制造及烟草加工业（s4），s4 关于消耗 s1 中间产品的国内生产技术提高 1%，则 s1 行业碳排放强度将下降 0.4132%。另外，在挑选出的 3 个重要生产关系中，有 2 个属于直接生产关系（即与 s1 直接存在中间产品供给关系），1 个属于间接生产关系（即两个非 s1 行业之间发生的中间产品交易关系），且最大弹性值来源于与工业行业发生的直接中间产品交易。

表6－2　　　　　　显著国内生产技术变化对目标行业二氧化碳
排放强度的总影响（2012 年）

目标行业	a_{ik}^d		$\varepsilon_{r_m^L a_{ik}}^L$
	i	k	
农林牧渔业及相关服务业	s1	s1	0.1600
	s1	s4 **	0.4132 *
	s4	s4	0.1186
金属冶炼及压延加工业	s12	s12 **	0.5049 *
	s12	s13	0.1440
	s12	s14	0.1692
	s12	s15	0.1015
	s12	s16	0.1682
	s12	s22	0.2828
交通运输及仓储业	s23	s23 **	0.1593 *

注：** 表示对应目标行业中的最关键行业，* 表示对应目标行业中选出的显著国内生产技术变化产生的最大弹性值。

对于金属冶炼及压延加工业（s12）而言，消耗自供给国内中间产品的生产技术改善最有利于降低本行业的碳排放强度，其影响的弹性值为0.5049。具体而言，共存在6个重要生产关系，且全部为直接生产关系，其中，5个来源于工业制造业，1个属于建筑业。对于交通运输及仓储业而言，其关键生产关系只有一组，即 s23－s23。这也说明，该行业减排工作的重点在于本行业的技术提升，与其他行业之间的交互影响较小。基于需求驱动型敏感性分析模型，更加注重目标行业的下游行业带来的影响。

在完全剔除里昂惕夫框架下外生变量（即国内最终需求合计）的影响后，得到行业间国内生产技术变化对目标行业二氧化碳排放强度变化带来的技术影响及行业平均技术影响，如表6－3所示。在只考虑国内生产技术变化的影响时，表6－3中选出的重要生产关系全部来自直接生产关系。其中，对 s1 行业二氧化碳排放强度的下降产生重要作用的生产关系是 s1 行业消耗自供给国的国内中间产品、s4 及纺织业（s5）对 s1 国内产品的中间需求。最大弹性值仍然来自 s1 与 s4 的生产关系，为 0.3186（小于表6－2 中的0.4132）。值得注意的是，在剔除国内最终需求合计的影响之后，关键国内生产技术的变化对 s1

行业二氧化碳排放强度的变化的影响程度变小了。这说明，与 s1 相关的产业需求结构是合理的，且对节能减排有正向积极的作用。今后的工作重点，应该更多地放在国内生产技术的提高上。

表 6 – 3　　　显著国内生产技术变化对目标行业二氧化碳排放强度的
技术影响及行业平均技术影响（2012 年）

目标行业	a_{ik}^d		$\varepsilon_{r_m^L a_{ik}}^{*L}$	$\varepsilon_{r_m^L a_k}^{*L}$
	i	k		
农林牧渔业及相关服务业	s1	s1	0.1600	0.0060
	s1	s4 **	0.3186 *	0.0110 *
	s1	s5	0.1176	0.0056
金属冶炼及压延加工业	s12	s12 **	0.5049 *	0.0143 *
	s12	s13	0.1842	0.0059
	s12	s14	0.1066	0.0045
	s12	s16	0.1410	0.0050
交通运输及仓储业	s23	s23 **	0.1593 *	0.0049 *

注：** 表示对应目标行业中的最关键行业，* 表示对应目标行业中选出的显著国内生产技术变化产生的最大弹性值。

对于金属冶炼及压延加工业而言，目前的重要生产关系数为 4（少于表 6 – 2 中的 6 个重要生产关系），但最重要的生产关系仍为本行业消耗自供给国的中间产品需求。其中，s12 – s13 的生产技术变化带来的总影响小于技术影响。这表明，目前两个行业的相对最终需求结构并不合理，不利于 s12 行业二氧化碳排放强度的下降。然而，s12 – s14 以及 s12 – s16 这两组生产技术变化带来的总影响大于技术影响，这说明，s12 与 s14 以及 s12 与 s16 的相对最终需求结构是合理的。综上所述，为降低 s12 二氧化碳排放强度，不仅要提高表 6 – 3 中对应关键生产关系的国内生产技术，并且要调整 s12 与 s13 行业的相对最终需求结构。

对于交通仓储及运输业而言，两次分析挑选出的关键生产关系相同，且其产生的总影响与技术影响相等。这是由于，当供应方与需求方相同时，其各参数（如总产出、国内完全需求系数、国内最终需求合计等）相等。因此，得到的弹性值也相等。可以说，此种情况天然地不存在"结构"问题。

平均而言，食品制造及烟草加工业（s4）国内生产技术提高最有利于 s1 碳排放强度的下降（见表 6 - 3 最后一列结果及图 6 - 1）。其次是 s1、s5、化学工业（s10）及住宿和餐饮业（s27）。如图 6 - 1 所示，对 s1 行业二氧化碳排放强度产生重要影响的行业多分布在第一、第二产业中，且重点行业较为明显。

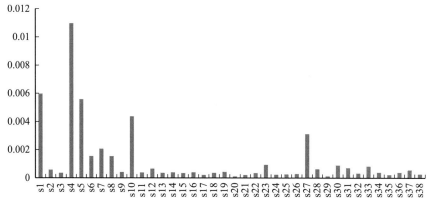

图 6 - 1　分行业国内生产技术变化对 s1 行业二氧化碳排放强度变化的平均技术影响（2012 年）

对于金属冶炼及压延加工业而言，表 6 - 3 中显示的最关键行业为其本身。但根据图 6 - 2，煤炭开采洗选及石油和天然气开采业（s2）的国内生产技术提高为最关键因素。这说明，虽然与 s2 相关的直接或间接生产关系没有被挑选出来，如表 6 - 2 及表 6 - 3 所示，但整体考察其与全行业的生产关系可知，该行业国内生产技术提高对 s12 的节能减碳发挥重要作用，作用甚至强于本行业的国内生产技术改革。这也从另一个侧面说明本章所选研究方法的一个优势：兼顾不同层面（生产关系维度及行业维度）影响因素的研究与考察，使得研究结果全面、且有意义。从图 6 - 2 的弹性值分布来看，对 s12 较为关键的行业位于第一产业及工业的少数行业，其余大部分行业的国内生产技术变化对其碳排放强度降低的效果较为微弱。

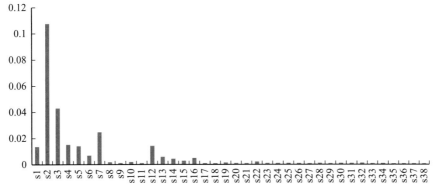

图 6 - 2　分行业国内生产技术变化对 s12 行业二氧化碳排放
强度变化的平均技术影响（2012 年）

　　对于交通仓储及运输业而言，本行业国内生产技术提高为最有益因素，其次是 s10、s12、租赁和商务服务业（s30）及 s4。从图 6 - 3 中可以看到，不同行业弹性值分布较为均匀（与图 6 - 1 和图 6 - 2 对比）。这表明，中国全行业或某一行业国内生产技术改善都会间接降低 s23 行业碳排放强度。这也是由于该行业与其余行业都有较为紧密的联系，大多数行业都离不开物流系统及仓储系统，这一研究结果与经济系统中的运作现实相符合。

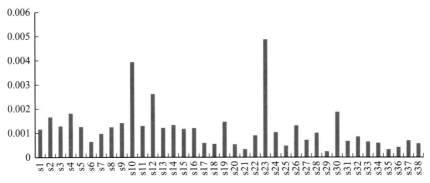

图 6 - 3　分行业国内生产技术变化对 s23 行业二氧化碳排放
强度变化的平均影响（2012 年）

6.4.2　供给驱动型敏感性分析结果

　　基于高希模型进行敏感性分析，在包含部门增加值合计及进口致中间投入的因素后，行业间国内中间产品分配变化对三个目标行业二氧化碳排放强度变化的总影响如表 6 – 4 所示。以农林牧渔业及相关服务业（s1）的第二行结果为例，涉及的供给关系以及弹性值的含义如下：若 s4 行业单位部门总投入对 s1 行业减少供应 1% 的国内生产中间产品，则 s1 碳排放强度将下降 0.1799%。与需求驱动型敏感性分析（强调需求方对中间投入需求的减少的作用）不同，供给驱动型敏感性分析强调的是供给方对特定需求方计划减少分配中间投入的作用。

表 6 – 4　　　　　　显著国内定量供给关系对目标行业二氧化碳排放
强度的总影响（2012 年）

目标行业	b_{ik}^d		$\varepsilon_{r_m^G b_{ik}}^G$
	i	k	
农林牧渔业及相关服务业	s1	s1	0.1600
	s4 **	s1	0.1799 *
	s10	s1	0.1499
		s10	0.1082
金属冶炼及压延加工业	s3	s12	0.1204
	s12 **	s12	0.5049 *
交通运输及仓储业	s15	s23	0.1256
	s23 **	s23	0.1593 *
	s28	s23	0.1008

注：** 表示对应目标行业中的最关键行业，* 表示对应目标行业中选出的显著国内定量配给变化产生的最大弹性值。

对 s1 行业而言，共存在 4 个显著的国内定量供给关系。其中，3 个属于直接定量供给关系（即与目标行业直接存在中间产品供给关系），1 个属于间接定量供给关系（即存在中间产品投入的供需双方均不是目标行业）。具体而言，最大的弹性值来源于直接定量供给关系（s4 – s1）。并且，与表 6 – 2 中结果对比，s4 与 s1 行业此时供需关系对调，且化学工业（s10）相关定量供给关系（即 s10 – s1 以及 s10 – s10）为从供给角度出发挑选出的产业关联。两种敏感性分析结果的不同根本上是由于里昂惕夫模型和高希模型的建模基础及研究角度的不同。

对于 s12 行业而言，共存在 2 个重要国内定量供给关系，且均为直接关系。其中，最大影响来源于本行业自供给中间投入的分配变化，其弹性值为0.5049。另外，矿采选业（s3）对 s12 行业供给国内生产中间产品的分配变化也被挑选出来。与表 6-2 中结果相比，从供给角度看，对 s12 行业二氧化碳排放强度变化产生影响的显著供给关系并不多。其主要原因是，该行业属于原材料供应业，其主要原料为原矿石，生产的产成品多为其他行业投入的中间产品。

对于 s23 行业而言，共存在 3 个重要国内定量供给关系，且均为直接关系。其中，最大影响来源于本行业自供给中间投入的分配变化，其弹性值为0.1593。另外，交通运输设备制造业（s15）以及金融业（s28）分配给 s23 行业国内中间产品投入比例的变化也至关重要。从行业运作现实来看，交通设备以及资金是交通仓储及运输业最为重要的两项前期投入。与表 6-2 中结果相比，此时挑选出了较多的产业关联。这表明，对于交通行业的减排重点应该更多地集中在其上游行业，重视供给侧改革预期能够产生较满意的减碳成效。

在完全剔除部门增加值合计及进口对中间投入的影响之后，得到重要行业间供给关系对上述三个行业二氧化碳排放强度变化的分配影响以及行业平均分配影响，如表 6-5 所示。对于 s1 行业而言，重要供给关系与表 6-4 中被挑选出的相同，但对应的弹性值不同。其中，s4-s1 产生的分配影响小于总影响。这说明，s4 与 s1 行业的相对部门增加值与进口致中间投入合计的比例是合理的，且有助于 s1 行业二氧化碳排放强度的下降。相反，s10 行业相关配给关系带来的分配影响大于总影响。这表明，s10 与 s1 行业目前的相对部门增加值与进口致中间投入合计的比例是不利于 s1 行业二氧化碳排放强度的下降。对于这样的情况，在进行节能减碳的政策设计时，不仅要调整供给行业对需求行业国内生产中间产品的供应比例，还要调整行业间增加值合计的比例。

表 6-5　　显著国内定量供给关系对目标行业二氧化碳排放强度的
分配影响及行业平均分配影响（2012 年）

目标行业	b_{ik}^d		$\varepsilon_{r_m^G b_{ik}}^{*G}$	$\varepsilon_{r_m^G b_i}^{*G}$
	i	k		
农林牧渔业及相关服务业	s1	s1	0.1600	0.0060
	s4	s1	0.1761 *	0.0063
	s10 **	s1	0.1628	0.0079 *
		s10	0.1175	

续表

目标行业	b_{ik}^{d}		$\varepsilon_{r_{fh}^{G}b_{ik}}^{*G}$	$\varepsilon_{r_{fh}^{G}b_{i}}^{*G}$
	i	k		
金属冶炼及压延加工业	s3	s12	0.2533	0.0075
	s12 **	s12	0.5049 *	0.0143 *
交通运输及仓储业	s9 **	s23	0.1754 *	0.0054 *
	s23	s23	0.1593	0.0049

注：** 表示对应目标行业中的最关键行业，* 表示对应目标行业中选出的显著国内定量配给变化产生的最大弹性值。

　　同理，对 s12 行业进行分配影响的估算时发现，与考察总影响时挑选出的关键供给关系相同，但 s3 行业相对 s12 的国内分配系数变化产生的分配影响大于总影响，如图 6－4 所示。这表明，s3 与 s12 行业间增加值与进口对中间投入影响合计的相对比例不利于 s12 行业二氧化碳排放强度的下降，需要进一步调整规划。对 s12 行业二氧化碳排放强度变化最为重要的供给关系仍然来自其自供给的分配影响，且弹性值与表 6－5 中相同。这也是由于，当供给方与需求方相同时，不存在结构影响。

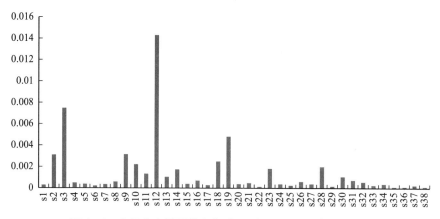

图 6－4　分行业定量配给变化对 s12 行业二氧化碳排放强度变化的平均分配影响（2012 年）

　　对于交通运输及仓储业而言，在考察总影响与分配影响时，挑选出的重要供给关系差异较大。在单纯考察分配影响的时候，共存在 2 个直接重要供给关系。其中，石油加工、炼焦及核燃料加工业（s9）提供 s23 国内生产中间产品需求的分配变化对 s23 行业二氧化碳排放强度变化的影响最大，弹性值为 0.1754。其次是其自供给国内中间产品的分配变化。

表 6 - 5 中最后一列给出了对应关键供给关系中供给行业对目标行业二氧化碳排放强度的平均分配影响。图 6 - 5 给出了全行业定量配给变化对农林牧渔业及相关服务业二氧化碳排放强度变化的平均影响。其中，影响最显著的行业为化学工业（s10），其次是 s4、s1、电力热力生产供应业（s19）以及 s9。并且前三个行业与表 6 - 5 中挑选出的重要供给关系中的供给行业相同。从行业维度平均分配影响结果的分布来看，前三个重要行业对 s1 行业的影响产生"垄断"的优势，其余行业的影响与之相比较小。因此，从供给的角度出发，本书建议在制定中国第一产业相关环境政策时，应重新合理规划与调整化学工业、食品制造业以及农业对国内中间产品投入的比例。

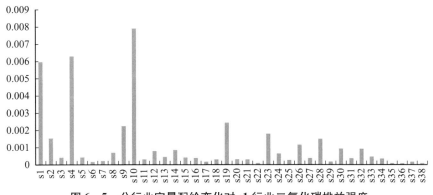

图 6 - 5　分行业定量配给变化对 s1 行业二氧化碳排放强度
变化的平均分配影响（2012 年）

从供给的角度出发，对金属冶炼及压延加工业最为重要的行业是其本身，其次为 s3、s19、s9 及 s2。其中，前两个行业与表 6 - 5 中得到的结果相同。从行业维度平均分配影响结果的分布来看，本行业所发挥的影响作用呈现十分集中的态势，行业平均影响弹性值达到了 0.014，高于图 6 - 5 以及图 6 - 6 中的最高值。这也表明，从行业角度上分析，对本行业进行深入细致的调查研究，合理调整降低本行业自供给国内生产中间产品的投入比例，将对该行业碳减排发挥重大成效。

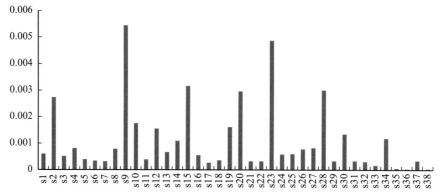

图 6 - 6   分行业定量配给变化对 s23 行业二氧化碳排放强度

变化的平均分配影响（2012 年）

与 s1 和 s12 相比，交通运输仓储及运输业的行业平均分配影响柱状图分布更加均匀，这也说明该行业与其他各行业的联系较为广泛且密切。其中，最关键的行业为 s9，其平均影响弹性值为 0.0054。其次为 s23、s15、s28 以及燃气生产和供应业（s20）。前两个行业与表 6 - 5 中的结果相同，这也表明基于供给驱动型敏感性分析对 s23 行业分别从产业关联和行业维度进行考察的结果相同。需要注意的是，与 s1 及 s12 的研究结果不同（其挑选出的重要行业均来源于农业或工业），在制定 s23 行业环境政策时，需要重点关注工业及第三产业。第三产业由于本身能源消费量较工业来说非常小，且中小企业众多，常常由于占比小或者不便管理等因素被忽视。基于本书结果，第三产业虽然自身碳排放量不大，但其产出及其与其他行业间关联，对中国一些高排放、高污染行业产生重要影响。今后，应加强对 s23、s28、租赁和商务服务业（s30）及居民服务和其他服务业（s34）的研究，合理规划这些行业对其他行业的输出。

6.4.3　关键供给关系分析

本章的研究对象基于第 4 章中对国内生产结构效应进行归因分析结果，指出目前生产结构不利于中国总碳排放强度的下降（即图 6 - 7 及图 6 - 8 中黑色加粗矩形框内的三个行业）。本章试图以三个目标行业为起点，借助里昂惕夫模型和高希模型，分别从需求和供给的角度向外延伸、发散，确定对中国实现 2020 年环境目标以及 2030 年的环境目标起关键作用的产业关联相关网络图。

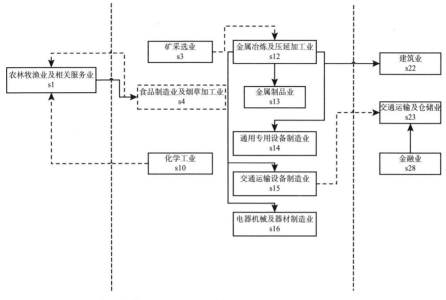

图6-7　总影响决定的重要生产及供给关系网络

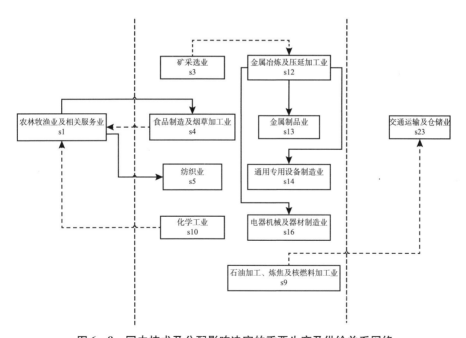

图6-8　国内技术及分配影响决定的重要生产及供给关系网络

基于6.4.1以及6.4.2的研究结果，本书得到了一系列对改变目标行业二氧化碳排放强度产生重要作用的关键国内生产关系、国内供给关系以及重要行业。本章节试图将前面的研究结果换一种研究视角来展示，即在复杂繁多的研究结果中，基于产业关联理论，将得到的重要关系绘制成关键供给关系网络图，如图6－7及图6－8所示。基于较完备的研究结果来讨论中国重点行业以及国家整体碳排放强度的下降。

　　本章将中国经济划分为38部门、三个大的产业模块，即第一产业（s1）、工业（s2～s21）、建筑业及第三产业（s22～s38）。在重要生产及供给关系网络图中，黑色加粗矩形框表示对应行业消耗自供给国内生产中间产品的生产技术变化以及提供自供给国内生产中间产品的分配比例变化为关键因素；虚线矩形框表示对应行业消耗自供给国内生产中间产品的生产技术变化为关键因素；灰色加粗矩形框表示对应行业提供自供给国内生产中间产品的分配比例变化为关键因素；黑色细线矩形框表示对应行业为重要生产或分配关系中的供给方或需求方。

　　另外，网络图中使用了两种样式的箭线，其中黑色箭线的实线端连接供应行业，箭头指向需求行业，表示需求行业对应的国内生产中间产品的生产技术变化为关键因素。黑色箭线的虚线端连接供应行业，箭头指向需求行业，表示供给行业计划向需求行业提供国内生产的中间产品的分配变化为关键因素。

　　图6－7基于表6－2及表6－4中的研究结果绘制，包含国内最终需求合计、部门增加值合计、进口致中间投入因素，基于国内生产技术及国内定量配给变化带来的总影响的分析结果，提炼出对中国整体碳排放强度，改善重点产业生产结构产生重要作用的产业链，整体关系网络横跨中国第一、第二、第三产业。与第一产业相比，工业与建筑业及第三产业的产业关联更为丰富。在图6－7的重要生产与供给关系网络图中，存在的最长的一条产业链涉及的行业为6个，且有两条产业链。其中一条为：矿采选业（s3）—金属冶炼及压延加工业（s12）—金属冶炼及压延加工业（s12）（自供给生产关联）—交通运输设备制造业（s15）—交通运输仓储业（s23）—交通运输仓储业（s23）（自供给生产关联）。另一条为：化学工业（s10）—化学工业（s10）—农林牧渔业及相关服务业（s1）—农林牧渔业及相关服务业（s1）—食品制造及烟草加工业（s4）—食品制造及烟草加工业（s4）。上述两条关键产业链涵盖了3个目标行业，横跨中国第一、第二、第三产业。此时，认为上述产业链为中国从调整结构的角度实现环境目标最为关键的产业链。基于此制定中国相关环境改善政策时，不仅要相应地改善国内生产技术、调整国内分配结构，还要

注意调整产业间国内最终需求比例以及产业间部门增加值及进口致中间投入合计的比例。

图 6-8 基于表 6-3 及表 6-5 中的研究结果绘制，剔除了除国内生产技术变化及国内分配变化的其他变量的影响，依据技术影响及分配影响的分析结果提炼出重要生产关系网络。与图 6-7 相比，在仅考察国内技术及分配因素时，得到的产业网络复杂度有所降低，关键产业链的长度较短。此时，最长关键产业链所包含的行业为 5 个，且有 2 条产业链。具体为：化学工业（s10）—化学工业（s10）—农林牧渔业及相关服务业（s1）—农林牧渔业及相关服务业（s1）—食品制造及烟草加工业（s4）/纺织业（s5）。次关键产业链包含行业为 4 个，且有 3 条产业链，具体为：矿采选业（s3）—金属冶炼及压延加工业（s12）—金属冶炼及压延加工业（s12）—金属制品业（s13）/通用专用设备制造业（s14）/电气机械及器材制造业（s16）。与前面的结论不同，基于此处得到的 5 条关键产业链对中国进行政策建议时，只需强调对应的国内生产技术改善和国内分配结构的调整，无须考虑最终国内需求结构及部门增加值结构等因素。

6.5　本 章 小 结

基于第 4 章的研究结果，本章进一步将研究对象细致到行业维度，分别从中国第一、第二、第三产业中各挑选一个目标行业进行研究，即农林牧渔业及相关服务业（s1）、金属冶炼及压延加工业（s12）、交通运输及仓储业（s23）。首先，本章阐述了所选用研究方法，即基于投入 - 产出框架的敏感性分析的优势及主要相关应用。其次，详细阐述了所使用研究方法的基本假设和模型构建，即需求驱动型及供给驱动型模型的建立。本章的实证研究选用国家统计局发布的 2012 年中国投入 - 产出表，基于非竞争型进口假设，研究并找到关键国内生产技术、国内分配变化。得到的研究结果可以分为三个层面：行业层面、产业关联层面及产业网络层面。

对于农林牧渔业及相关服务业（s1）而言，对其降低碳排放强度最为关键的因素来自食品制造及烟草加工业（s4），无论是 s1 对 s4 的国内供给分配，还是 s4 消耗 s1 提供国内中间产品的生产技术，都至关重要。由于农业作为一个国家的生存基础，与其他行业存在着天然的联系。因此，在 6.4.1 及 6.4.2

中为其选出的重要国内生产关系及国内供给关系中既包含直接关系，也包含间接关系。相反，对于金属冶炼及压延加工业（s12）而言，提高自身生产技术、减少单位投入自供给国内产品的比例，最有利于自身碳排放强度的降低，因此，为其选出的重要关系均属于直接国内生产或供给关系。s12 作为主要的原材料供应行业，其通过需求驱动型模型得到的结果要比通过供给驱动型模型得到的结果更为丰富。属于第三产业的交通运输及仓储业（s23），由于位于生产供应链的下游，通过供给驱动型模型得到结果更为丰富。其最关键的国内生产关系及供给关系均来源于本行业与本行业的生产交易。基于投入－产出模型，使得研究者不仅能够考察生产关系，还可以对行业维度进行讨论。总体说来，上述两个不同维度的研究结果大体相同，但也存在不同的情况，即对 s12 进行需求驱动型敏感性分析时两个结果有差异。最后，本章将不同研究角度的研究结果提炼出关键生产及供给关系网络图，对中国整体碳排放强度的降低提出整体建议。

第7章 中国能源消费和强度变化的影响因素分析

7.1 引　言

能源问题因其与经济发展、社会稳定和环境保护的密切关系而备受关注，特别是对于中国这样的发展中国家。[186] 如图 7 - 1 所示，中国的能源消费一直在以递减的速度增长，尤其是在 2010 年以后。与之相反，自 2005 年以来，中国的能源强度呈倒"U"型曲线，并保持下降趋势。总体而言，自 2010 年以来，即"十二五"期间（2011 ~ 2015 年），中国能源的整体表现开始出现转机。然而，在经济发展与能源消费弱脱钩的情况下，中国要达到能源消费峰值，不断降低能源强度，将是一个巨大挑战。[128]

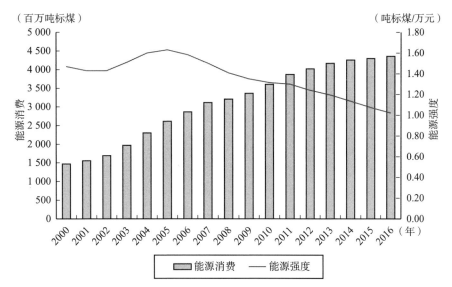

图 7 - 1　2000 ~ 2016 年中国能源消耗和能源强度

"十二五"期间，中国政府出台了一系列节能政策，如表7-1所示，以保证能源供给安全和有效利用。值得注意的是，国务院发布的《能源发展"十二五"规划》首次强调了对能源消费和能源强度的"双控"，国务院发布的《能源发展"十三五"规划》进一步强调了这一点。从这一意义上说，"十二五"时期被认为是中国从能源消费大国（高能耗）向能源消费强国（高能效）转变的重要时期。因此，对重要时期国家能源利用和相关政策的详细分析，预计将对实现"十三五"期间（2016～2020年）能源利用目标和"十四五"期间（2016～2020年）深化能源改革发挥重要作用。

表7-1　　　　中国"十二五"期间（2011～2015年）的节能政策

发布时间	能源政策	指标			范围			
		绝对指标	强度指标	其他	国家	区域	行业	其他
2010年3月	"十二五"规划	—	—	能源结构	—	—	—	—
2011年8月	"十二五"节能减排综合性工作方案	—	—	—	—	—	—	—
2011年11月	中国逐步淘汰白炽灯的路线图	—	—	电力节约	—	—	—	产品
2011年12月	"十二五"资源综合利用指导意见	—	—	回收利用率	—	—	—	—
2012年1月	"十二五"节能减排全民行动实施方案	—	—	节能行动	—	—	—	社区和组织
2012年8月	节能减排"十二五"规划	—	—	—	—	—	—	产品和设备
2013年1月	能源发展"十二五"规划	—	—	—	—	—	—	—
2014年6月	能源发展战略行动计划（2014～2020年）	—	—	能源结构和能源储备	—	—	—	—

能源消费和能源强度是评价能源表现的两个常用指标。能源消费是一个绝对指标，衡量不同经济体、过程和周期的能源使用水平（Wu X D, Guo J L, Meng J et al., 2019）。能源强度是一个强度指标，是能源消费与经济产出的复合指标（Zhao X, Zhang Y, Li Y, 2019）。关于能源相关的碳排放/强度已经得到了较为广泛的研究（Mohlin K, Camuzeaux J R, Muller A et al., 2018;

Román-Collado R，Morales-Carrión A V，2018），然而，对能源表现的直接和深入研究较为缺乏，特别是在近几年（Lenzen M，2016）。全面、系统掌握能源消费和能源强度变化的驱动因素是制定有效能源政策的基础。

投入 – 产出模型已被广泛用于能源及其相关环境问题。借助于产业间关联，可以估计和分析整体/子类别层面的直接和间接能源。由于最终需求在能源利用中的重要作用，整体隐含（能源/排放）强度（*AEI*）被提出，这为总/分最终需求种类层面的能源研究提供了新的视角。从最终需求的角度来看，隐含能源消费/强度的投入 – 产出分析能够更详细地研究能源表现，例如新加坡（Su B，Ang B W，Li Y，2017）和印度（Zhu B，Su B，Li Y，2018）。近年来，为了更好地描述产业链上各个部门之间的相互影响，在行业间关联层面进一步定义了 *AEI* 指标（Su B，Ang B W，Li Y，2019）。然而，国内的相关能源分析却很少。

分解分析（DA）被广泛用于将一个整体指标的变化分解成几个可量化的影响因素。指数分解分析（IDA）和结构分解分析（SDA）具有不同的理论基础和数据要求（Su B，Ang B W，2012），在能源与环境领域得到广泛应用。由于方法论的发展和应用的简便性，指数分解分析在以往的能源研究中被更多地采用（Zhong S，2018）。SDA 和 IDA 之间的详细比较和选择可以参考霍克斯特拉（R. Hoekstra et. al.，2003）等人、苏斌等人（2012）和王辉等人（Wang H，Ang B W，Su B，2017）[200] 的文献。基于投入 – 产出模型，SDA 的优势在于能够将经济范围内能源指标的变化分解为直接和间接驱动因素。此外，投入 – 产出模型和时间 –SDA 的方法组合可以克服单纯投入 – 产出分析的静态特征问题（Perobelli F S，Faria W R，de Almeida Vale V，2015）。

在实践问题探索的推动下，加性和乘性 SDA 方法发展得越来越成熟。具体来说，加性分解更适用于绝对指标（如能源消费），而乘性分解更适用于强度指标（如能源强度）。在 2010 年之前，大部分能源研究集中于加性结构分解分析中的绝对指标。在 2010 ~ 2016 年，仅有五项研究采用 SDA 方法研究能源强度，其中三项采用乘性分解（Wang H，Ang B W，Su B，2017）。由于模型的复杂性和在行业层面解释结果的困难性，乘性结构分解分析方法被有限采用。归因分析也被引入 SDA 的框架（Su B，Ang B W，2014），以在行业层面对每个影响因素进行归因分析，然而，采用基于归因分析的乘性结构分解分析方法的研究却十分缺乏（Yu Y，Liang S，Zhou W et al.，2019）。

本书试图填补这一空白，采用投入 – 产出模型和 SDA 方法对中国"十二五"期间的能源表现进行研究。本书的贡献包括：（1）在投入－产出框架下，首次对中国的能源表现进行了系统的研究，分别在整体和最终需求种类层面衡量中国的能源消费和能源强度；（2）首次在整体和行业两个层面分别采用加性和乘性结构分解分析来深入研究中国能源表现的变化；（3）针对"十三五"到"十四五"期间的能源转型和能源革命关于中国能源政策进行详细研究。

7.2　研究方法

对于基于投入－产出的研究，投入－产出模型的选择和进口假设对研究结果和结论至关重要。苏斌和洪明华（2012）证明，里昂惕夫投入－产出模型和非竞争性进口假设是较为理想的，特别是对于国家层面的能源/排放研究。本章采用基于非竞争性进口假设下的里昂惕夫投入－产出模型开展国家能源分析。

7.2.1　研究假设

本章采用投入－产出模型和 SDA 方法对中国"十二五"期间的能源表现进行研究。具体的模型构建需要明确如下基本假设。

假设 7－1：基于里昂惕夫投入－产出模型进行结构分解分析。

假设 7－2：基于非竞争型进口假设。

假设 7－3：假设中国经济系统由 38 个部门组成。

假设 7－4：采用平均极分解的分解方法。

假设 7－5：时间整合假设——采用 2010 年、2012 年及 2015 年投入－产出表进行链分解。

假设 7－6：采用生产法对国内生产总值进行核算。

7.2.2　国家层面能源投入－产出分析

基于非竞争型进口假设，标准的里昂惕夫投入－产出模型可表述为：

$$X = Z_d \cdot 1 + y_{tot} = L_d y_{tot} \qquad (7-1)$$

其中，X 为总产出向量；Z_d 为国内中间需求矩阵；y_{tot} 国内总最终需求向量；

$A_d = Z_d \cdot (\hat{X})^{-1}$ 为国内生产技术系数矩阵；$L_d = (I - A_d)^{-1}$ 为国内里昂惕夫逆矩阵；I 为单位矩阵。

在投入 – 产出框架下，总能源消费可表示为：

$$E = f^v(\hat{k} \cdot X) = f^v \hat{k} \cdot L_d y_{tot} = f^v H_d y_{tot} \qquad (7-2)$$

其中，f^v 为单位增加值直接能源消费向量；k 为初始投入系数向量；H_d 为国内增加值完全需求系数矩阵。

从最终需求角度看，总能源消费可分解为：

$$E = f^v H_d y_{tot} = f^v H_d \ (y_{hc} + y_{gc} + y_{cf} + y_{ex}) \qquad (7-3)$$
$$= E_{hc} + E_{gc} + E_{cf} + E_{ex}$$

其中，y_{tot} 由 y_{hc}（居民消费向量），y_{gc}（政府消费向量），y_{cf}（投资向量）和 y_{ex}（出口向量）组成。相应地，$E. = f^v H_d y.$ 表示最终需求类别 . 的隐含能源消费。

使用生产法来计算 GDP：

$$GDP = 1'v = 1'(\hat{k} \cdot X) = 1' \hat{k} \cdot L_d y_{tot} = 1' H_d y_{tot} \qquad (7-4)$$

基于最终需求角度，GDP 可进一步分解为：

$$GDP = 1' H_d(y_{hc} + y_{gc} + y_{cf} + y_{ex}) \qquad (7-5)$$
$$= GDP_{hc} + GDP_{gc} + GDP_{cf} + GDP_{ex}$$

其中，$GDP. = 1' H_d y.$ 表示最终需求类别 . 的隐含增加值。

整体隐含能源强度（$AEEI$）是指式（7 – 3）中的隐含能源消费与式（7 – 5）中相应的隐含增加值的比[180]。因此，最终需求类别 . 的 $AEEI$ 可表述为：

$$AEEI. = \frac{E.}{GDP.} = \frac{f^v H_d y.}{1' H_d y.} \qquad (7-6)$$

总整体能源强度（AI）与 $AEEI$ 相似，可以表述为不同最终需求类别的 $AEEI$ 的加权和。

$$AI = \frac{E}{GDP} = \frac{\sum E.}{\sum GDP.} = \sum \left(\frac{GDP.}{GDP}\right)\left(\frac{E.}{GDP.}\right) = \sum w. AEEI. \qquad (7-7)$$

其中，$w. = GDP./GDP$ 表示由最终需求类别 . 隐含增加值估算的权重系数，最终需求类别 . 对 AI 的贡献由 $(w. AEEI.)/AI$ 表示。

同理，$AI/AEEI$ 在行业层面可表述为：

$$AI = \frac{f^v H_d y_{tot}}{1' H_d y_{tot}} = \frac{\sum\limits_{i,j=1}^{n} f^v H_{d,ij} y_{\cdot j}}{\sum\limits_{i,j=1}^{n} H_{d,ij} y_{tot.j}}$$

$$= \sum_{j=1}^{n} \left(\frac{GDP_j}{GDP}\right) \left(\frac{\sum\limits_{i=1}^{n} f^v H_{d,ij} y_{tot.j}}{\sum\limits_{i=1}^{n} H_{d,ij} y_{tot.j}}\right) = \sum_{j=1}^{n} w_j AI_j$$

$$(7-8)$$

$$AEEI = \frac{f^v H_d y_{\cdot}}{1' H_d y_{\cdot}} = \frac{\sum\limits_{i,j=1}^{n} f_i^v H_{d,ij} y_{\cdot j}}{\sum\limits_{i,j=1}^{n} H_{d,ij} y_{\cdot j}}$$

$$(7-9)$$

$$= \sum_{j=1}^{n} \left(\frac{GDP_{\cdot j}}{GDP_{\cdot}}\right) \left(\frac{\sum\limits_{i=1}^{n} f_i^v H_{d,ij} y_{\cdot j}}{\sum\limits_{i=1}^{n} H_{d,ij} y_{\cdot j}}\right) = \sum_{j=1}^{n} w_{\cdot j} AEEI_j$$

其中，$w_j = GDP_j/GDP$ 和 $w_{\cdot j} = GDP_{\cdot j}/GDP$ 表示 j 部门最终需求类别整体/隐含增加值相关权重系数，并且 $\sum\limits_{j=1}^{n} w_j = 1$，$\sum\limits_{j=1}^{n} w_{\cdot j} = 1$。总的来说，整体 $AEEI$ 是 $AEEI$ 在子类别层面（例如最终需求或行业层面）的加权和。

7.2.3　加性时间结构分解分析

根据式（7-3），0 期到 T 期的能源消费变化可加性分解为：

$$\Delta E_{tot} = E^T - E^0 = \Delta E_{int} + \Delta E_{dstr} + \Delta E_{hc} + \Delta E_{gc} + \Delta E_{cf} + \Delta E_{ex} \quad (7-10)$$

其中，ΔE_{tot} 为总能源消费变化；E^t 和 E^0 表示 T 期和 0 期的能源消费；ΔE_{int} 为加性能源强度效应；ΔE_{dstr} 为加性国内里昂惕夫结构效应；ΔE_{hc} 为加性居民消费效应；ΔE_{gc} 为加性政府消费效应；ΔE_{cf} 为加性投资效应；ΔE_{ex} 为加性出口效应。

考虑到计算的复杂性和结果的准确性，[176,182]式（7-10）运用了近似 D&L 方法，即平均极分解，[82]得到各效应值。

在行业层面，式（7-3）中的总能源消费可改写为：

$$E = \sum_{i=1}^{n} \left(\sum_{j=1}^{n} f_j^v H_{d,ji}\right) y_{tot,i} = \sum_{i=1}^{n} E_i \quad (7-11)$$

其中，i、j 分别代表部门 i 和部门 j，ΔE_i 为部门 i 的总能源消费。

相应地，式（7 - 10）中的总效应在部门层面可分解为：

$$\Delta E_{tot} = \sum_{i=1}^{n} \Delta E_i = \sum_{i=1}^{n} \left(\Delta E_{int,i} + \Delta E_{dstr,i} + \sum \Delta E_{\cdot,i} \right) \quad (7-12)$$

其中，ΔE_i 表示部门层面的能源消费变化；$\Delta E_{int,i}$ 和 $\Delta E_{dstr,i}$ 分别表示部门 i 的加性能源强度效应和国内里昂惕夫结构效应；$\Delta E_{\cdot,i}$ 为部门 i 的加性最终需求类别.效应。

7.2.4　乘性时间结构分解分析

基于广义乘性分解框架，[179] 式（7 - 7）中的总整体能源强度可分解为：

$$D_{tot} = \frac{AI^T}{AI^0} = D_{int} \cdot D_{dstr} \cdot D_{hc} \cdot D_{gc} \cdot D_{cf} \cdot D_{ex} \quad (7-13)$$

其中，D_{tot} 为 0 期到 T 期总的能源强度变化；AI^T 和 AI^0 分别代表 T 期总能源强度、0 期总能源强度；D_{int} 为乘性能源强度效应；D_{dstr} 为乘性国内里昂惕夫结构效应；D_{hc} 为乘性居民消费效应；D_{gc} 为乘性政府消费效应；D_{cf} 为乘性投资效应；D_{ex} 为乘性出口效应。

鉴于式（7 - 7）中的分数形式，式（7 - 13）中的各效应可以通过同时对分子和分母部分进行乘性分解得到。

$$D_{tot} = \frac{E^T/E^0}{GDP^T/GDP^0} = \frac{D_{int}^n \cdot D_{dstr}^n \cdot D_{hc}^n \cdot D_{gc}^n \cdot D_{cf}^n \cdot D_{ex}^n}{D_{dst}^d \cdot D_{hc}^d \cdot D_{gc}^d \cdot D_{cf}^d \cdot D_{ex}^d} \quad (7-14)$$

其中，分子中的 n 和分母中的 d 分别表示不同的效应。

由于能够直接处理投入 - 产出表中的零值和负值，应用于基于投入 - 产出框架的乘性分解，D&L 方法是较为理想的选择。[201] 为权衡计算复杂性和结果准确性[182]，这里应用了近似 D&L 方法，即平均极分解[62]。

在行业层面，式（7 - 13）中的各效应可以能够以乘性方式进行归因分析。具体来说，借助于乘性 SDA 框架下的归因分析，乘性能源强度效应可以在行业层面进行细致研究。

$$D_{int} = \prod_{i=1}^{n} D_{int,i} \quad (7-15)$$

其中，$D_{int,i}$ 为部门 i 的乘性能源强度效应。

7.3 数 据 来 源

考虑到第十二个五年计划（2011～2015 年）采用了中国标准（2012 年）和延长（2010 年，2015 年）投入－产出表[152]。此外，采用尽可能详细的数据可以减轻时间整合对实证结果的影响，特别是在行业层面，部门整合也是一个关键因素。因此，在本章中，原始投入－产出表被进一步地编制成 38 个部门，见表 7－2。

表 7－2　　　　　　　　　　区域投入－产出表的账户设置

部门	序号	部门	序号
农、林、牧、渔业及相关服务业	s1	仪器、废料和废物、其他制造业	s20
煤炭开采和洗选、石油和天然气开采	s2	电力、蒸汽和热水生产和供应	s21
金属开采和洗选	s3	天然气生产与供应	s22
非金属和其他矿物采选	s4	自来水生产和供应	s23
食品、饮料和烟草行业	s5	建筑业	s24
纺织业	s6	运输、仓储、邮政和电信服务	s25
服装、皮革、毛皮、羽绒及相关制品	s7	信息传输、计算机服务和软件	s26
木材加工和家具制造	s8	批发和零售	s27
造纸、印刷、文化、教育和体育用品	s9	餐饮服务	s28
石油加工和焦化	s10	金融	s29
化学工业	s11	不动产	s30
非金属矿物制品	s12	租赁和商业服务	s31
金属冶炼和压制	s13	科学研究和技术服务	s32
金属制品	s14	水利、环境和公共设施管理	s33
普通机械	s15	家政服务和其他服务	s34
特殊用途设备	s16	教育	s35
运输设备	s17	卫生和社会工作	s36
电气设备和机械	s18	文化、体育和娱乐	s37
电子和电信设备	s19	公共管理、社会保障和社会组织	s38

根据 2010～2015 年不同的价格基础，采用 2010 年价格指数来平减 2012 年和 2015 年的 I-O 表。参考杨和拉尔（2010）的研究，第一产业采用农业生产者价格指数，第二产业采用工业生产者价格指数，第三产业和建筑业采用 GDP 平减指数。

实证分析涉及 18 种能源，包括原煤、精煤、其他洗精煤、焦炭、焦炉煤气、其他气体、其他焦化产品、原油、汽油、煤油、柴油、燃料油、液化石油气（LPG）、炼厂气、其他石油产品、天然气、热力和电力。根据"Data Treatment 2"，将《中国能源年鉴》的部门层面能源消费数据与投入－产出表中的账户设置进行匹配，并根据式（7－16）计算能源消费。为了避免重复计算，不考虑发电过程中化石燃料消耗。

能源消费＝总最终消耗（包括原材料）－火力发电投入－供热投入＋损失

$$(7-16)$$

7.4　实证结果分析

7.4.1　中国总能源消费及其贡献

从 2010 年到 2015 年，中国总能源消费以每年 5.19% 的速度增长。在研究期间，年能耗增长率稳步提高，从 4.44%（2010～2012 年）增长到 5.69%（2012～2015 年）。在弱脱钩关系下，GDP 的变化也存在类似情况。伴随着中国经济和社会的稳定发展，全国能源消费总体上继续保持增长趋势。

从行业角度来看，主要的能源消费行业是建筑业（s24）、机械和设备制造业（s15～s19）、化学工业（s11）和食品、饮料和烟草工业（s5），如图 7－2 所示。总的来说，第二产业是最主要的能源消费来源，但第二产业的能源消费占比逐步下降，从 2010 年的 80.30% 降至 2015 年的 77.01%。与之相反，服务业消耗的能源相对较少，但占比从 2010 年的 19.97% 逐渐增加到 2015 年的 21.38%。同时，服务业对 GDP 的贡献程度逐步增加，在 2015 年达到 37.5%。由上可知，能源消费结构的变化与经济结构的改善密切相关。并且，"十二五"时期也表现为中国经济和能源转型的重要开端。

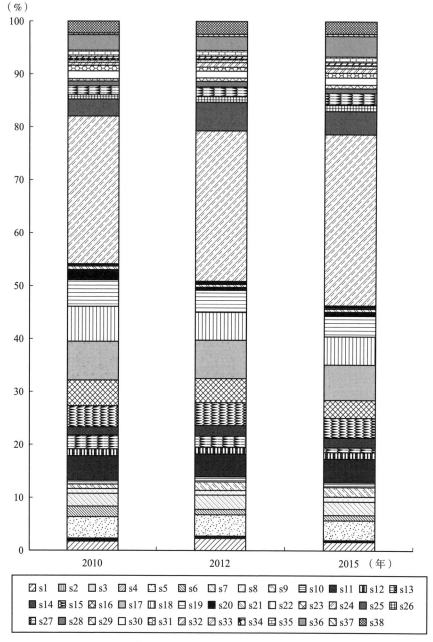

图 7 – 2　中国能源消费的行业贡献（2010 ~ 2015 年）

在最终需求种类中，总能源消费主要由投资驱动，其次是出口和居民消费，如图 7 – 3 所示。2010 ~ 2015 年，所有最终需求类别隐含能源消费持续增

长，尤其是居民消费和投资。就隐含能源而言，居民消费占比（20.98% ~
24.65%）和政府消费占比（5.79% ~7.04%）稳步上升。相比之下，投资占
比（47.92% ~46.57%）和出口占比（25.31% ~21.75%）显示出相反的变
化。从需求方面来看，国内最终需求水平极大地推动了中国能源消费的增长。
此外，按最终需求类别划分的隐含能源消费结构也发生了变化。因此，有必要
分最终需求种类进一步研究对国家能源消费的具体影响。

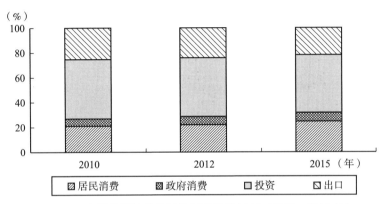

图 7 – 3　中国能源消费的最终需求种类贡献（2010 ~ 2015 年）

7.4.2　中国总能源强度及其贡献

从 2010 年到 2015 年，总能源强度每年以 3.42% 的速度下降。从这个意义
上说，"十二五"规划中发布的减排目标已经实现。已知能源强度是中国能源
节约的主要因素，然而，其年下降率从 2010 ~ 2012 年的 5.8% 急剧减少到
2012 ~ 2015 年的 1.81%。可以预见，单一地关注能源效率或将给中国能源利
用的持续优化带来巨大的挑战。因此，有必要探索其他节能减排新思路，例如
从最终需求的角度来进行节能减排。

从行业角度来看，大多数行业的能效都有所提高，尤其是在 2015 年。有明
显的证据表明，金属冶炼和压制（s13）是能源密集程度最高的行业，其次是非
金属矿物产品（s12），其能源强度是全国平均水平的两倍以上。如图 7 – 4 所示，
国家能源强度主要受建筑业（27.89% ~32.54%）、机械装备制造业（s15 ~ s19）
（27.78% ~23.01%）和高耗能行业（11.48% ~9.91%）影响。与能源消费的结
果相似，第二产业对中国能源效率的提高起到了显著的作用。

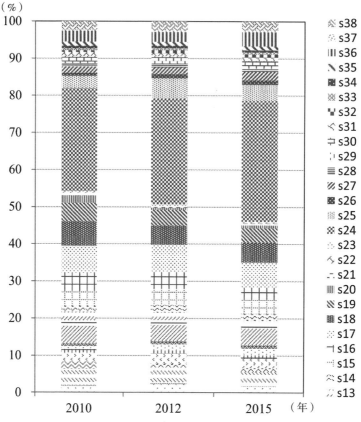

图 7 - 4　中国能源强度的行业贡献（2010 ~ 2015 年）

在最终需求种类中，中国能源强度受投资（46.57% ~ 47.92%）的影响最大，其后的影响因素是出口（21.75% ~ 25.31%）和居民消费（20.98% ~ 24.65%），如图 7 - 5 所示。此外，2010 ~ 2015 年，各最终需求种类 AEEI 均呈下降趋势，其中出口降幅最大，为 19.97%，其次是投资，居民消费和政府消费的 AEEI 一直相对较低且稳定。图 7 - 3 和图 7 - 5 中的实证结果证明，中国从出口到内需的经济转型有利于对能源消费和能源强度的双控。作为国家能源消费/强度的主要驱动因素，投资应得到足够的关注，优先进行调整和规划。

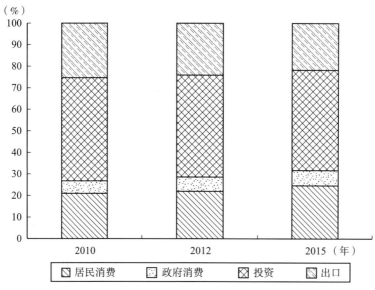

图 7 - 5　中国能源强度的最终需求种类贡献（2010 ~ 2015 年）

7.4.3　中国总能源消费变化的驱动因素

根据图 7 - 6 中的加性分解结果，2010 ~ 2012 年，全国能源消费增长 9.09%；2012 ~ 2015 年，增长 18.06%。除了能源强度效应之外，其余效应都表现为能源消费增长的促进作用，特别是国内最终需求效应（如 $\Delta E_{hc} + \Delta E_{gc} + \Delta E_{cf} + \Delta E_{ex}$）合计增加了 1 054.47 百万吨标煤。相反，能源强度效应表现出显著的能源消费增长的抑制作用。在最终需求种类中，主要的促进因素是投资效应和居民消费效应。出口效应对总能源消费起到了递减的拉动作用，增量从 84.98 百万吨标煤（2010 ~ 2012 年）降至 71.89 百万吨标煤（2012 ~ 2015 年）。从最终需求的角度来看，出口结构的调整在控制总能源消费方面是有效的。与最终需求效应相比，国内里昂惕夫结构效应小幅拉动了能源消费，增量为 148.13 百万吨标煤。研究表明，国内生产技术的改进在降低国家能源消费方面取得了初步成功。

受能源效率的影响，能源强度效应的表现在不同部门间差异很大，如附录 A - 1 所示。整体而言，大多数部门（即 38 个部门中的 33 个）对节能作出了积极的贡献。具体来说，建筑业（s24）实现了最多的节能，约为 94.9 百万吨标煤。同时，机械和设备制造业（s15 ~ s19）发挥了重要作用，使总能耗降低

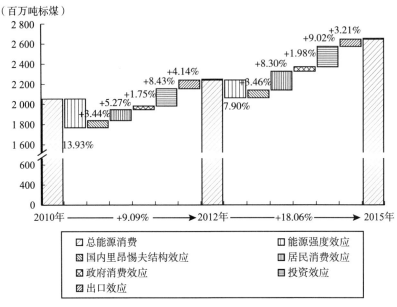

图 7 – 6　中国总能源消费变化的加性结构分解分析结果（2010～2015 年）

了 182.38 百万吨标煤。特别地，运输设备（s17）减少了 50.9 百万吨标煤的能源消费。此外，石油加工和炼焦（s10）以及运输、仓储、邮政和电信服务（s25）的能效显著提高，能源强度效应从正效应（2010～2012 年）转变为负效应（2012～2015 年）。对个别部门来说，节能空间越来越小，甚至起到了反作用，如非金属矿物制品（s12）以及电力、热力的生产与供应（s21）。

　　从最终需求的角度出发，对图 7 – 6 中关键的最终需求效应（ΔE_{ef} 和 ΔE_{hc}）在行业层面进行归因分析。对于投资效应，建筑业（s24）的能源消费增量（总计 336.07 百万吨）显著，远远超过了第二大增长集群（s14～s17），如附录 A – 2 所示。也就是说，s24 的投资表现对整体投资效应有很大的影响。金属冶炼和压延业（s13）的能源消费持续降低，并实现了最大的跨部门节能（48.09 百万吨标煤）。此外，在研究期间，由于没有投资，有几个部门的投资效应为零。综上所述，投资效应在行业层面呈现集中调控特征，因此，通过对建筑业等关键行业的投资进行调整，能够有效地降低投资隐含能源消费。

　　在居民消费效应方面，绝大多数行业的能源消费都有所增加如附录 A – 3 所示。特别地，在与人们的基本生活必需品密切相关的行业，如化学工业（s11）、运输设备（s17）、运输、仓储、邮政和电信服务（s25）以及食品、饮料和烟草工业（s5），效果显著。值得注意的是，有两个行业从对能源消费的拉动作用（2010～2012 年）转变为抑制作用（2012～2015 年），即农业、林业、畜牧业、渔业及相关服务（s1）和普通机械（s15）。与投资效应的结果相比，居民消费效应在行业层面呈现出分布更加平均的特征。总的来说，增长的居民消费效应可能源于居民消费水平的快速增长，从 2010 年的 144 710 亿元急剧增加到 2015 年的 242 350 亿元。

7.4.4　中国总能源强度变化的驱动因素

在 7.4.2 节中，整体能源强度（AI）呈现稳步下降趋势。通过对数变换得到乘性分解结果，AI 变化的分解结果以加性形式绘制出图 7-7。AI 的下降主要得益于能源强度效应，除此之外，其他效应的影响相对较小。值得一提的是，国内里昂惕夫结构效应是最大的促进因素，但在 2010～2015 年，其拉动作用逐步减弱。

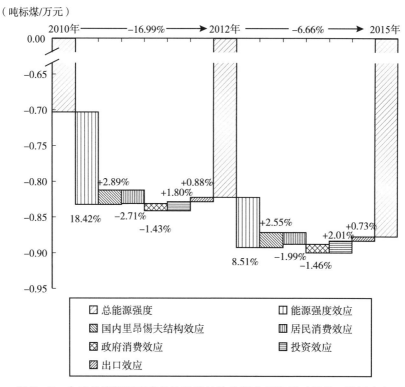

图 7-7　中国总能源强度变化的乘性结构分解分析结果（2010～2015 年）

在最终需求种类中，投资效应的拉动作用最为显著，其次是出口效应。而居民消费效应的抑制作用显著，这可能是由于居民消费相关能源效率的提高。总的来说，整体最终需求效应被证明对 AI 有一定的抑制作用。对于政府来说，未来加强对固定资产投资项目的节能评估和审查具有重要意义。

作为对中国能源强度起到最大抑制作用的影响因素，对能源强度效应进行归因分析。在行业层面，归因分析结果可绘制成如附录 A－4 所示的柱状图。金属冶炼和压延加工（s13）的抑制作用最大，使 AI 于 2010~2012 年下降了 8.36%，2012~2015 年下降了 5.59%。化学工业（s11）表现出显著但不稳定的抑制作用，在两个研究期分别下降了 2.1% 和 0.12%。与此同时，运输、仓储、邮政和电信服务（s25）是主要的促进因素。幸运的是，s25 的能源表现正在得到改善，尤其是在 2015 年。此外，煤炭开采和洗选、石油和天然气开采（s2）以及石油加工和焦化（s10）能源效率的提高使其能源强度效应从正效应（2010~2012 年）转变为负效应（2012~2015 年）。

权重系数能够测度部门能源强度的单位变化对 AI 的影响。行业层面权重系数结果通过附录 A－4 的散点图来展示。表明，s13 的结果是最显著的。综合考虑图 7－4 和附录 A－4，s13 是能源强度效应抑制作用的主要贡献行业。因此，促进 s13 的能源强度改善是使能源强度下降的最有效途径。此外，有三个部门的权重系数大于 0.1，即 s11、s25 和非金属矿物制品（s12）。值得注意的是，s25 不仅是使国家能源强度提高的重点行业，也是使国家能源消费增加的关键。因此，为顺利实现能源强度下降目标，优化 s25 的能源强度是关键且有效的。

7.4.5　结果对比与讨论

与前期研究得到的趋势类似，国家能源消费在 2010~2015 年持续保持上升趋势。具体地，根据现有文献，绝大多数的能源消费来自第二产业。就隐含能源消费而言，投资是能源消费的最大来源，其次是居民消费和出口。李耀光等人（2018）也发表了类似的研究结论。从强度指标来看，国家能源强度呈持续下降趋势，这与黄俊兵等人（2017）的结论一致。就整体隐含能源强度（$AEEI$）而言，投资相关结果最为显著，其次是出口，苏斌和洪明华（2017）也发现了这一点。在行业层面，高能源强度主要出现在六个高耗能行业。

与中国现有能源研究相同，能源强度效应和总最终需求效应分别被证明是国家能源消费/强度变化的最大抑制因素和促进因素，里昂惕夫结构效应在不同的研究中显示出不同的结果。一般来说，里昂惕夫结构效应近年来表现出的拉动作用与早期研究中的抑制作用相反。在研究期间，即 2010～2015 年，里昂惕夫结构效应呈现出拉动作用。但是，在不同的方法和数据处理下，可能会呈现不同表现，如周小勇等人（2018）的研究结果[255]。

根据本章研究，在最终需求种类中，投资效应对 2010～2015 年国家能源消费/强度增量的贡献最大，这与其他学者的观点一致（J. C. Minx，2011；H. Zhang and M. L. Lahr，2014）。有学者认为出口效应是 2002～2005 年中国能源消费增长的最大来源（D. Guan et. al.，2009）。自 2007 年全球经济危机以来，中国经历了出口转内需的经济转型。因此，近年来，投资和居民消费极大地增加了中国的能源消费。就居民消费而言，它增加了国家能源消费，同时降低了国家能源强度。类似的现象可在丁群等人（2017）、苏斌和洪明华（2017）的相关文献中找到。李豫湘和陈仲常（2010）发现，在 2002～2005 年，政府消费的增加提高了中国的能源强度。然而，本章观察到，在 2010～2015 年，不断增长的政府消费产生了抑制作用。也就是说，中国政府有意识地将其支出用于提高能源效率。

现阶段，能源节约和强度下降的目标在很大程度上取决于能源强度效应。研究表明，仅仅通过注重提高能源效率很难使能源消费达到峰值或保持能源强度持续降低成果。因此，优化结构性因素（如国内里昂惕夫结构）和调整最终需求（如居民消费、政府消费、投资和出口）的综合影响将在探索新的节能潜力和对能源消费和能源强度进行双控方面发挥重要作用。

7.5　结论与政策建议

在投入－产出框架下，本章从整体、最终需求种类和行业层面研究了中国"十二五"期间的能源表现。特别地，选用了加入归因分析的 SDA 方法来研究国家能源消费/强度变化的驱动因素。在研究期间，中国政府出台了一系列能源政策，以确保在 2015 年实现能源双控目标。与经济转型相结合，中国的能源使用正在发生根本性的变化。"十二五"时期被认为是能源利用的关键时期，有针对性和有区别的能源政策建议对于实现"十三五"期间的能源目标和在"十四五"期间的能源革命至关重要。

随着所有最终需求种类隐含能源消费的增加，中国的能源消费继续呈稳步上升趋势。在最终需求种类中，投资被认为是隐含能源消费的最大来源。此外，居民消费超过出口，成为2015年第二大隐含能源消费来源。随着所有最终需求种类隐含能源强度（AEEI）的下降，中国的能源强度呈现持续下降趋势，这一显著改善主要是由出口和投资促成的。由于最终需求的重要作用，有必要从最终需求的角度进一步研究能源消费/强度变化的驱动因素。

根据分解结果，能源强度效应是唯一抑制能源消费增加的效应，也是抑制能源强度上升的最主要因素。在行业层面，大多数行业都为节能做出了贡献，特别是建筑业和运输设备业。与之相反，运输、仓储、邮政和电信服务是国家能源消费/强度增加的主要来源。根据我国能源发展有关规划[1]，我国将坚持有效化解产能过剩，提升成品油质量，这有望在深化能源改革中取得良好效果。

在最终需求种类中，投资是推动中国能源消费/强度变化的最大因素。在行业层面，拉动作用主要来自建筑业和"金属产品与设备制造"集群。同时，投资是中国GDP的主要组成部分，但在2010～2015年，其占比有所下降。随着中国经济的转型，投资会控制在一个合理的水平。我国将坚持能源革命，鼓励对基于"一带一路"倡议和能源技术的能源公司进行投资，特别是对与清洁和可再生能源相结合的能源转换和分布式能源系统进行投资。同时，投资优化应密切关注资本结构，防止过度投资和投资效率低下。

居民消费对能源消费增长有显著拉动作用，应该引起更多的关注。随着收入和人口的增长，居民消费在2010～2015年持续增长，且对国家能源消费的影响持续加深。在行业层面，化学工业、运输设备、运输、仓储、邮政和电信服务以及食品、饮料和烟草工业的结果显著。居民消费可能会导致更多的能源消费，同时居民消费AEEI有利于中国总能源强度的下降。因此，引导居民合理使用能源，选择更节能的产品、服务具有重要意义。综上所述，促进煤改气（特别是在农村地区），促进向绿色电力的过渡，生产节能电器和完善公共交通系统是有必要的。在快速城市化的背景下，智慧示范城市有望在不久的将来产生新的节能潜力。

出口提高了2010～2015年的国家能源消费/强度。在行业层面，拉动作用主要来自制造业，特别是金属冶炼和压延加工以及电子和电信设备。得益于中国的经济转型，一些行业已经大幅降低了出口产品的增量，如服装、皮革、毛皮、羽绒及相关产品以及造纸、印刷、文化、教育和体育用品。中国经济与国际市场具有密切关系，这对于通过降低出口AEEI以同时实现经济和能源目标具有重要意义。未来应鼓励调整出口结构，向高附加值、低能耗产品转型，尤其加强与基于"一带一路"倡议的能源合作伙伴合作。

政府消费其对国家能源消费具有微弱拉动作用，对国家能源强度具有抑制作用。在行业层面，促进作用主要来自服务业，特别是卫生和社会工作以及公共管理、社会保障和社会组织。为了提高能源的影响力，加强对公共资源、公共项目、公共交通、公共设施和公共卫生等公共事业的财政支出监管具有重要意义。对能源消费和能源强度双重控制的决策应从需求方（如最终需求）和供给方（如国内生产技术和结构）两个方面考虑，此外，需要特别关注经济政策和能源政策之间的相互作用，特别是在国内生产结构调整中。

本章研究了国家层面的能源表现，以挖掘有针对性和有效的政策建议。基于数据可得性，所采用的研究框架还可以用来研究中国在"十三五"期间（2016～2020 年）的能源表现和节能成果。基于投入 – 产出模型的结构分解分析方法也可应用于区域层面的能源与环境分析（比如二氧化碳，二氧化硫和水等）。目前，在 SDA 框架下，最终需求种类相关乘性影响因素无法在行业层面进行归因分析，相关模型的发展是 SDA 方法和应用进一步发展的方向。

第8章 能源表现的空间差异——以直辖市为例

8.1 引　言

作为一个负责任的大国，中国政府在能源发展"十三五"规划中明确，在"十三五"时期（2016～2020 年）提高能源利用效率，控制能源消费总量。在中国，城市是全国能源消费的主体，能源消费量大约占到全国的 85%（Yang S，Shi L，2017）。随着城市化进程的快速推进，大规模扩张的城市在中国节能工作中起到越来越重要的作用。城市是能源利用新政策实践最重要的载体（Bejarano M D，Sordo-Ward A，Gabriel-Martin I et al.，2019），对城市能源问题进行深入研究有利于促进国家可持续发展（Kuriqi A，Pinheiro A N，Sordo-Ward A et al.，2019）。

中国城市间的能源表现存在较大的空间差异（Zhang N，Zhou M，2020）。例如，不同城市能源禀赋的差异被证实会影响能源流动（Tang M，Hong J，Liu G et al.，2019），可再生能源的技术发展存在较大的区域差异（Wang Q，Kwan M P，Fan J et al.，2019）。区域能源消费和能源强度被证明会显著影响国家能源表现（Liu H，Wang C，Tian M et al.，2019）。伴随着区域间贸易的快速发展，与能源有关的空间差异将逐渐加大（Li H，Zhao Y，Qiao X et al.，2017）。在城市层面，制定"共同但有差异"的能源目标和政策是合理的，这对系统研究能源表现和空间差异等城市问题具有重要意义。

投入－产出（I-O）模型基于数据处理的灵活性以及与其他方法联合使用的兼容性等优势，被广泛运用到经济－能源－环境领域（Miller R E，Blair P D，2009）。特别是鉴于最终需求的重要作用，从需求视角建立里昂惕夫投入－产出模型被广泛采用。在投入－产出模型框架下，可以定义能源指标，既可以是绝对指标也可以是强度指标，并在此基础上进行进一步研究。在区域层面，不仅在城市内部，而且在城市以外的其他区域的最终需求也对本城市的能源表现具有重要的影响作用（Zhang B，Qiao H，Chen B，2015）。特别是诸如京津冀等城市群的最终需求，通过区域间贸易显著驱动了能源流动（Sun X，Li J，Qiao H et al.，2017）。关于最终需求对能源消费影响作用已被相关学者证实了具有重要的研究价值，并且相关研究已经在国家层面开展（Lam K L，Kenway S J，Lane J L et al.，2019），从最终需求角度来研究区域能源问题也具有重要的现实意义与学术价值。

　　从理论上讲，SDA 可以在时间维度上对一个国家或地区进行研究（时间SDA），也可以在空间维度上对多个国家或地区进行研究（空间 SDA）。通过空间 SDA，可以研究特定年份多区域整体指标的空间差异。最初的空间分解方法是基于 IDA 框架提出并进一步发展的（Ang B W，Zhang F Q，1999）。洪明华等（2015）完成了 IDA 框架中理想空间分解方法。2016 年，理想空间分解方法已经扩展到了加性 SDA 和乘性 SDA 框架中（Su B，Ang B W，2016）。从本质上说，空间 SDA 继承了投入－产出分析和 SDA 的优势。在 2016 年前，在能源、环境领域共有五项研究采用了不同的空间 SDA 的分解方法，其中有一项研究是在日本的城市层面上进行的（Hasegawa R，2006）。近年来，一些研究调查了中国区域间环境表现的空间差异（Wu F，Huang N，Zhang Q et al.，2020），但从最终需求角度出发，在城市层面关于能源表现空间差异的研究却很少。

　　作为能源消费总量的重要组成部分，城市经常以不同方式在能源分析中被涉及。赵楠等（2018）证实了最终需求在能源表现中发挥着重大作用。基于消费为基础的方法，即投入－产出模型，成为首选的研究方法，因为该方法既考虑了直接能源消费又考虑了间接能源消费（Harris S，Weinzettel J，Bigan A et al.，2020）。在投入－产出框架下，大多数研究都是采用整体指标来研究城市层面的能源问题（Zhan J，Liu W，Wu F et al.，2018），如能源消费、能源强度、能源需求等。这些研究都将最终需求作为一个整体进行研究，没有详细研究不同最终需求种类的作用以及总体与分种类之间的关系，特别是缺少相关的强度指标（Wu J，Wu Y，Cheong S T et al.，2018）。随着整体隐含强度（aggregate embodied intensity，AEI）的提出，这一研究空白得到填补。此外，可以在行业间关联层面更详细定义和研究 AEI 指标（Su B，Ang B W，Li Y，2019）。到目前为止，王振国等（2020）、周小勇等（2020）、杨和苏斌（2019）

将 AEI 指标应用于区域层面的环境分析，但是，在城市层面相关的能源研究却很少。从需求方面看，在特定的最终需求种类上有研究关注能源改进的实施方法，但很少有文献系统地讨论关于不同最终需求种类的影响。

对于多城市比较，通过存量分析、时间分析和空间分析进行了能源研究，采用不同的基准可能会造成结果不一致。此外，传统的比较技术无法将空间差异总量定量分配给每个驱动因素。而苏斌和洪明华（2016）提出的最新空间 SDA 方法可以同时解决唯一性、一致性、客观性和简单性的问题。但是，很少有文献采用理想空间 SDA 方法以乘性分解方式针对城市层面的能源强度指标进行系统研究。

直辖市是重要的省级行政管理单位。在中国，从最终需求角度来看，北京市、天津市、上海市和重庆市对国家能源可持续发展至关重要。通过区域间贸易，直辖市引发了显著的隐含能源流动。因此，要着重考虑来自不同最终需求种类的影响，尤其是城市层面的区域间贸易。由于经济和能源发展的区域间差异，不同直辖市拟形成不同的能源政策建议，因此，本章拟从最终需求角度来系统研究中国四个直辖市的能源表现和空间差异。

本书的具体贡献包括：（1）在投入 – 产出框架下，详细研究全部最终需求种类的能源影响，特别是针对国内省外净流出；（2）采用最新的能源指标技术，即整体隐含能源强度（aggregate embodied energy intensity，AEEI）来系统描述中国的能源表现；（3）在加性和乘性空间 SDA 框架下，进一步研究城市间能源表现的空间差异；（4）凝练城市层面共同但有差异的能源政策建议。

8.2　研 究 方 法

8.2.1　研究假设

对于多区域的比较，有三种空间分解方法，即双边区域（bilateral-regional，B-R）方法、径向区域（radial-regional，R-R）方法和多区域（multi-regional，M-R）方法。洪明华等（2015）[22]详细说明了上述三种方法及各自特点。值得注意的是，M-R 方法在计算复杂度、比较客观性、结果丰富性和稳定性上更具有优势。如图 8 - 1 所示，通过将研究区域与基准区域直接比较，可以间接得到研究区域间的空间差异。因此，本书采用基于 M-R 方法的空间 SDA

方法，在区域投入 – 产出框架下，采用非竞争型进口和竞争型流入假设[178]，如表 8 – 1 所示。

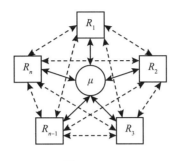

$$\mu=平均\{R_1,R_2,\cdots,R_n\}$$

图 8 – 1　多区域空间结构分解分析

资料来源：Su B，Ang B W. Multi-region comparisons of emission performance：The structural decomposition analysis approach［J］. Ecological Indicators，2016，67：78 – 87.

表 8 – 1　　　　基于非竞争型进口和竞争型流入假设的区域投入 – 产出表

产出 / 投入	中间使用	最终需求	国内省外流入	总产出
中间投入	Z_d	$y_{df} + y_{ex} + y_{dou}$	I_{im}	X
进口	Z_{im}	y_{im}	—	I_{im}
增加值合计	V'	—	—	—
总投入	X'	—	—	—

注：Z_d 是国内中间投入矩阵；y_{df} 是国内最终需求向量；y_{ex} 是出口向量；y_{dou} 国内省外流出向量；X 是总产出/总投入向量；Z_{im} 是进口用于中间产品投入矩阵；y_{im} 是进口用于最终需求向量；$I_{im} = Z_{im} \cdot 1 + y_{im}$ 是国际进口向量；V 是增加值合计向量。

8.2.2　区域层面能源投入 – 产出分析

在区域层面，标准的里昂惕夫投入 – 产出模型表述为：

$$X^i = Z_d^i + (y_{df}^i + y_{ex}^i + y_{dou}^i) - I_{\dim}^i \tag{8-1}$$

$$= (I - A_d^i)^{-1}(y_{df}^i + y_{ex}^i + y_{dnet}^i) = L_d^i(y_{df}^i + y_{ex}^i + y_{dnet}^i)$$

其中，$A_d^i = Z_d^i \cdot (\hat{X}^i)^{-1}$ 是国内生产系数矩阵；$L_d^i = (I - A_d^i)^{-1}$ 是国内里昂惕夫逆矩阵；$y_{df}^i = y_{dhc}^i + y_{dgc}^i + y_{dcf}^i$ 由国内居民消费（y_{dhc}^i），政府消费（y_{dgc}^i）和投

资（y^i_{dcf}）组成；y^i_{dnet}是国内省外净流出向量；上标 i 表示区域 i；I 是单位矩阵。

借助直接能源强度，区域 i 的能源消费总量表述为：

$$
\begin{aligned}
E^i &= f^i_v v^i = f^i_v (\hat{k}^i \cdot X^i) = f^i_v \hat{k}^i \cdot L^i_d (y^i_{df} + y^i_{ex} + y^i_{dnet}) \\
&= f^i_v H^i_d (y^i_{dhc} + y^i_{dgc} + y^i_{dcf} + y^i_{ex} + y^i_{dnet}) \\
&= E^i_{dhc} + E^i_{dgc} + E^i_{dcf} + E^i_{ex} + E^i_{dnet}
\end{aligned}
\tag{8-2}
$$

其中，f^i_v 是单位增加值合计直接能源消费向量；$k^i = (\hat{X}^i)^{-1} v^i$ 是初始投入系数向量；$H^i_d = \hat{k}^i \cdot L^i_d$ 是国内增加值合计完全需求系数矩阵；$E^i_* = f^i_v H^i_d y^i_*$ 是区域 i 最终需求种类 $*$ 的隐含能源消费。

采用生产法来计算区域 i 的 GDP：

$$
\begin{aligned}
GDP^i &= 1' v^i = 1' (\wedge k^i \cdot X^i) = 1' H^i_d (y^i_{df} + y^i_{ex} + y^i_{dnet}) \\
&= 1' H^i_d (y^i_{dhc} + y^i_{dgc} + y^i_{dcf} + y^i_{ex} + y^i_{dnet}) \\
&= GDP^i_{dhc} + GDP^i_{dgc} + GDP^i_{dcf} + GDP^i_{ex} + GDP^i_{dnet}
\end{aligned}
\tag{8-3}
$$

其中，$GDP^i_* = 1' H^i_d y^i_*$ 是区域 i 最终需求种类 $*$ 的隐含增加值合计。

区域 i 整体能源强度（AEI）可表述为：

$$
AEI^i = \frac{E^i}{GDP^i} = \frac{f^i_v H^i_d (y^i_{df} + y^i_{ex} + y^i_{dnet})}{1' H^i_d (y^i_{df} + y^i_{ex} + y^i_{dnet})}
\tag{8-4}
$$

从最终需求角度看，区域 i 的整体隐含能源强度（$AEEI$）表述为：

$$
AEEI^i_* = \frac{E^i_*}{GDP^i_*} = \frac{f^i_v H^i_d y^i_*}{1' H^i_d y^i_*}
\tag{8-5}
$$

其中，$AEEI^i_*$ 是区域 i 最终需求种类 $*$ 的 $AEEI$。

在区域层面，AEI 是所有最终需求种类 $AEEI$ 的加权和。[180]

$$
AEI^i = \sum_* w^i_* AEEI^i_*
\tag{8-6}
$$

其中，$w^i_* = \dfrac{GDP^i_*}{GDP^i}$ 是最终需求种类中隐含增加值合计的比重且 $\sum_* w^i_* = 1$。

8.2.3   加性空间结构分解分析

采用 M-R 方法进行多区域比较时，当区域总数大于 3 应将平均区域 μ 定义为基准区域[181]，平均区域 μ 的能源消费定义为

$$
E^\mu = \frac{1}{n} \sum_i E^i = f^\mu_v H^\mu_d (y^\mu_{df} + y^\mu_{ex} + y^\mu_{dnet})
\tag{8-7}
$$

$$E^\mu = \frac{1}{n}\sum_i E_*^i = f_v^\mu H_d^\mu y_*^\mu \qquad (8-8)$$

其中，$f_v^\mu = (\sum_i X^i)^{-1} \cdot (\sum_i E^i)$；$H_d^\mu = \hat{k}^\mu \cdot L_d^\mu$；$\hat{k}^\mu = (\sum_i X^i)^{-1} \cdot (\sum_i v^i)$；$L_d^\mu = (I - A_d^\mu)^{-1}$；$A_d^\mu = (\sum_i Z_d^i) \cdot (\sum_i X^i)^{-1}$；$y_*^\mu = \frac{1}{n}\sum_i y_*^i$，＊代表最终需求种类。

在一般加性分解框架下，区域 i 与平均区域 μ 之间的能源消费差异可以直接分解为

$$
\begin{aligned}
\Delta E_{tot}^{(i-\mu)} &= E^i - E^\mu \\
&= f_v^i H_d^i (y_{dhc}^i + y_{dgc}^i + y_{dcf}^i + y_{ex}^i + y_{dnet}^i) - f_v^\mu H_d^\mu (y_{dhc}^i + y_{dgc}^i + y_{dcf}^i + y_{ex}^\mu + y_{dnet}^\mu) \\
&= \Delta E_{int}^{(i-\mu)} + \Delta E_{dstr}^{(i-\mu)} + \Delta E_{dhc}^{(i-\mu)} + \Delta E_{dgc}^{(i-\mu)} + \Delta E_{dcf}^{(i-\mu)} + \Delta E_{ex}^{(i-\mu)} + \Delta E_{dnet}^{(i-\mu)}
\end{aligned}
$$
$$(8-9)$$

$$
\begin{aligned}
\Delta E_{*tot}^{(i-\mu)} &= E_*^i - E_*^\mu = f_v^i H_d^i y_*^i - f_v^\mu H_d^\mu y_*^\mu \\
&= f_v^i H_d^i y_{*,str}^i y_{tot,*}^i - f_v^\mu H_d^\mu y_{*,str}^\mu y_{tot,*}^u \\
&= \Delta E_{*,int}^{(i-\mu)} + \Delta E_{*,dstr}^{(i-\mu)} + \Delta E_{*,ystr}^{(i-\mu)} + \Delta E_{*,ytot}^{(i-\mu)}
\end{aligned}
$$
$$(8-10)$$

其中，$\Delta E_{tot}^{(i-\mu)}$ 和 $\Delta E_{*,tot}^{(i-\mu)}$ 是加性总效应；$\Delta E_{int}^{(i-\mu)}$ 和 $\Delta E_{*,int}^{(i-\mu)}$ 是加性能源强度效应；$\Delta E_{dstr}^{(i-\mu)}$ 和 $\Delta E_{*,dstr}^{(i-\mu)}$ 是加性国内里昂惕夫结构效应；$\Delta E_{dhc}^{(i-\mu)}$ 是加性国内居民消费效应；$\Delta E_{dgc}^{(i-\mu)}$ 是加性国内政府消费效应；$\Delta E_{dcf}^{(i-\mu)}$ 是加性国内投资效应；$\Delta E_{ex}^{(i-\mu)}$ 是加性出口效应；$\Delta E_{dnet}^{(i-\mu)}$ 是加性国内省外净流出效应；$y_{*,str}^i = \dfrac{y_*^i}{y_{tot,*}^i}$ 和 $y_{*,str}^\mu = (\sum_i y_*^i) \cdot (\sum_i y_{tot,*}^i)^{-1}$ 是最终需求种类 ＊ 结构；$y_{tot,*}^i$ 和 $y_{tot,*}^i = \dfrac{1}{n}\sum_i y_{tot,*}^i$ 是最终需求种类 ＊ 的需求水平；$\Delta E_{*,ystr}^{(i-\mu)}$ 是加性最终需求种类 ＊ 结构效应；$\Delta E_{*,ytot}^{(i-\mu)}$ 是加性总最终需求种类 ＊ 效应。

任意两个区域（如区域 i 和区域 j）的能源消费差异可以通过以下方式间接获得：

$$\Delta E_{\cdot}^{(i-j)} = \Delta E_{\cdot}^{(i-\mu)} - \Delta E_{\cdot}^{(j-\mu)} \qquad (8-11)$$

$$\Delta E_{*,\cdot}^{(i-j)} = \Delta E_{*,\cdot}^{(i-\mu)} - \Delta E_{*,\cdot}^{(j-\mu)} \qquad (8-12)$$

其中，·表示式（8-9）至式（8-10）中各加性效应。

建议采用加性 D&L 方法计算式（8-9）至式（8-10）的各效应（Su B，Ang B W，2012）。考虑到需处理 0 和负值，以及计算复杂度和结果精确度，优先采用加性 D&L 法（Dietzenbacher E，Los B，1998）。此外，各效应还可以

进一步分解到部门层面。

8.2.4　乘性空间结构分解分析

与 8.2.3 节加性分解分析相似，对于多区域的乘性 SDA 也需要定义一个基准区域（Su B，Ang B W，2016）。根据式（8 - 4）和式（8 - 5），平均区域 μ 的能源强度定义为：

$$AEI^{\mu} = \frac{E^{\mu}}{GDP^{\mu}} = \frac{f_v^{\mu} H_d^{\mu} (y_{df}^{\mu} + y_{ex}^{\mu} + y_{dnet}^{\mu})}{1' H_d^{\mu} (y_{df}^{\mu} + y_{ex}^{\mu} + y_{dnet}^{\mu})} \qquad (8-13)$$

$$AEEI_*^{\mu} = \frac{E_*^{\mu}}{GDP_*^{\mu}} = \frac{f_v^{\mu} H_d^{\mu} y_*^{\mu}}{1' H_d^{\mu} y_*^{\mu}} = \frac{f_v^{\mu} H_d^{\mu} y_{*,str}^{\mu}}{1' H_d^{\mu} y_{*,str}^{\mu}} \qquad (8-14)$$

基于此，区域 i 和平均区域 μ 的能源强度空间差异可以根据一般乘性 SDA 框架通过直接分解实现（Hao H，Liu Z，Zhao F et al.，2016）。

$$
\begin{aligned}
D_{tot}^{(i-\mu)} &= \frac{AEI^i}{AEI^{\mu}} = \frac{\dfrac{E^i}{GDP^{\mu}}}{\dfrac{E^{\mu}}{GDP^{\mu}}} = \frac{D_{tot,E}^{(i-\mu)}}{D_{tot,GDP}^{(i-\mu)}} \\[2mm]
&= \frac{D_{tot,E,int}^{(i-\mu)} D_{tot,E,dstr}^{(i-\mu)} D_{tot,E,dhc}^{(i-\mu)} D_{tot,E,dgc}^{(i-\mu)} D_{tot,E,dcf}^{(i-\mu)} D_{tot,E,ex}^{(i-\mu)} D_{tot,E,dnet}^{(i-\mu)}}{D_{tot,GDP,dstr}^{(i-\mu)} D_{tot,GDP,dhc}^{(i-\mu)} D_{tot,GDP,dgc}^{(i-\mu)} D_{tot,GDP,dcf}^{(i-\mu)} D_{tot,GDP,ex}^{(i-\mu)} D_{tot,GDP,dnet}^{(i-\mu)}} \\[2mm]
&= D_{tot,E,int}^{(i-\mu)} \times \left(\frac{D_{tot,E,dstr}^{(i-\mu)}}{D_{tot,GDP,dstr}^{(i-\mu)}} \right) \times \left(\frac{D_{tot,E,dhc}^{(i-\mu)}}{D_{tot,GDP,dhc}^{(i-\mu)}} \right) \times \left(\frac{D_{tot,E,dgc}^{(i-\mu)}}{D_{tot,GDP,dgc}^{(i-\mu)}} \right) \\[2mm]
&\quad \times \left(\frac{D_{tot,E,dcf}^{(i-\mu)}}{D_{tot,GDP,dcf}^{(i-\mu)}} \right) \times \left(\frac{D_{tot,E,ex}^{(i-\mu)}}{D_{tot,GDP,ex}^{(i-\mu)}} \right) \times \left(\frac{D_{tot,E,dnet}^{(i-\mu)}}{D_{tot,GDP,dnet}^{(i-\mu)}} \right) \\[2mm]
&= D_{int}^{(i-\mu)} \cdot D_{dstr}^{(i-\mu)} \cdot D_{dhc}^{(i-\mu)} \cdot D_{dgc}^{(i-\mu)} \cdot D_{dcf}^{(i-\mu)} \cdot D_{ex}^{(i-\mu)} \cdot D_{dnet}^{(i-\mu)}
\end{aligned}
\qquad (8-15)
$$

$$
\begin{aligned}
D_{*,tot}^{(i-\mu)} &= \frac{AEEI_*^i}{AEEI_*^{\mu}} = \frac{\dfrac{E_*^i}{GDP_*^i}}{\dfrac{E_*^{\mu}}{GDP_*^{\mu}}} = \frac{D_{*,E}^{(i-\mu)}}{D_{*,GDP}^{(i-\mu)}} \\[2mm]
&= \frac{D_{*,E,int}^{(i-\mu)} D_{*,E,dstr}^{(i-\mu)} D_{*,E,ystr}^{(i-\mu)}}{D_{*,GDP,dstr}^{(i-\mu)} D_{*,GDP,ystr}^{(i-\mu)}} \\[2mm]
&= D_{*,E,int}^{(i-\mu)} \times \left(\frac{D_{*,E,dstr}^{(i-\mu)}}{D_{*,GDP,dstr}^{(i-\mu)}} \right) \times \left(\frac{D_{*,E,ystr}^{(i-\mu)}}{D_{*,GDP,ystr}^{(i-\mu)}} \right) \\[2mm]
&= D_{*,int}^{(i-\mu)} \cdot D_{*,dstr}^{(i-\mu)} \cdot D_{*,ystr}^{(i-\mu)}
\end{aligned}
\qquad (8-16)
$$

其中，$D_{tot}^{(i-\mu)}$ 和 $D_{*,tot}^{(i-\mu)}$ 是乘性总效应；$D_{int}^{(i-\mu)}$ 和 $D_{*,int}^{(i-\mu)}$ 是乘性能源强度效应；$D_{dstr}^{(i-\mu)}$ 和 $D_{*,dstr}^{(i-\mu)}$ 是乘性国内里昂惕夫结构效应；$D_{dhc}^{(i-\mu)}$ 是乘性国内居民消费效应；$D_{dgc}^{(i-\mu)}$ 是乘性国内政府消费效应；$D_{dcf}^{(i-\mu)}$ 是乘性国内投资效应；$D_{ex}^{(i-\mu)}$ 是乘性出口效应；$D_{dnet}^{(i-\mu)}$ 是乘性国内省外净流出效应；$D_{*,ystr}^{(i-\mu)}$ 是乘性最终需求种类乘以结构效应。

因此，任意两个区域（如区域 i 和区域 j）的能源强度空间差异可以通过间接分解得到：

$$D_{\cdot}^{(i-j)} = \frac{D_{\cdot}^{(i-\mu)}}{D_{\cdot}^{(j-\mu)}} \tag{8-17}$$

$$D_{*,\cdot}^{(i-j)} = \frac{D_{*,\cdot}^{(i-\mu)}}{D_{\cdot}^{(j-\mu)}} \tag{8-18}$$

其中，·表示式（8-15）至式（8-16）中各乘性效应。

考虑到计算复杂度和结果精确度，采用乘性 D&L 法或广义 Fished 指数来计算式（8-15）至式（8-16）中的各效应。此外利用归因分析，各效应可以进一步分解到部门层面。

8.3　数　据　来　源

采用北京市、天津市、上海市和重庆市的投入－产出表及竞争型流入假设和非竞争型进口假设，采用国家投入－产出表（2012）及非竞争型进口假设用于估计平均区域 μ。此外，区域/国家投入－产出表均采用 2012 年中国生产者价格。为进行能源研究，将原始投入－产出表中的行业进一步编制成 35 个部门，具体账户设置见表 8-2。

表 8-2　　　　　　　　　　投入－产出表账户设置

部门	编码	部门	编码
农林牧渔产品和服务	S1	纺织服装鞋帽皮革羽绒及其制品	S5
煤炭、石油、天然气和矿物的开采和选矿	S2	木材加工品和家具	S6
食品和烟草	S3	造纸印刷和文教体育用品	S7
纺织业	S4	石油、炼焦产品和核燃料加工品	S8

部门	编码	部门	编码
化学产品	S9	交通运输、仓储、邮政和通信服务	S23
非金属矿物制品	S10	批发、零售、住宿和餐饮	S24
金属冶炼和压延加工品	S11	信息传输、软件和信息技术服务	S25
金属制品	S12	金融	S26
通用设备	S13	房地产	S27
专用设备	S14	租赁和商务服务	S28
交通运输设备	S15	科学研究和技术服务	S29
电气机械和器材	S16	水利、环境和公共设施管理	S30
通信设备、计算机和其他电子设备	S17	家庭服务和其他服务	S31
仪器仪表、其他制造、产品和废品废料	S18	教育	S32
电力、热力生产供应	S19	卫生和社会工作	S33
燃气生产和供应	S20	文化、体育和娱乐	S34
水的生产和供应	S21	公共管理、社会保障和社会组织	S35
建筑	S22		

区域能源消费数据来源于 CEADs，以《中国能源统计年鉴》为基础。本书涉及 20 种能源种类，根据式（8－19）计算消费能源直接消费量。为避免重复计算，不考虑发电过程中的化石能源消费。在部门层面，与投入－产出表中的账户设置保持一致，区域能源消费按"Data Treatment 2"处理。

能源消费＝总最终消费（包括原材料）－火力发电投入－供暖投入＋损失

$$(8-19)$$

8.4   实证结果分析

8.4.1   直辖市能源表现

从最终需求角度看，中国四个直辖市总能源消费和隐含能源消费如图 8－2 所示。可以看到，国内省外净流出产生的负值隐含能源是指能源通过区域间贸易流入该直辖市，反之亦然。在四个直辖市之间，以最终需求种类划分的能源消费结构存在较大的差异，国内省外净流出和国内投资隐含能耗在总能源消费中占很大比重。总体而言，在城市层面能源消费与地方经济发展模式存在密切关系。在国内居民消费方面，隐含能源消费在重庆最多，这可能是由其巨大的人口效应带来的。国内政府消费隐含能耗差距不大，其中北京市和重庆市差异最大，为 1.94 百万吨标煤。在国内投资方面，重庆市和天津市的固定资产和存货显著增长。上海市作为著名的国际港口城市，由出口产生的隐含能耗远远超过其他三个城市的总和。同时，重庆市和北京市在国内贸易中表现最为活跃，分别是国内贸易隐含能源净流入最大城市和净流出最大城市。

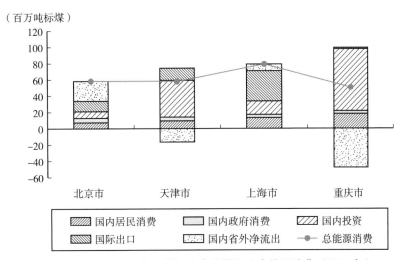

图 8 - 2 中国四个直辖市能源消费总量和隐含能源消费（2012 年）

从表 8 - 3 中可以看出，在四个直辖市中，北京市的整体能源效率最高，其能源强度主要由国内省外净流出贡献（42.10%）。天津市和重庆市是能源国内省外净流入城市，这对降低整体能源强度（AEI）指标起到一定作用，特别是国内投资对降低 AEI 指标起到重要的作用，分别占天津市的 78.18% 和重庆市的 150.85%。出口对上海市能源效率至关重要（42.27%）。城市层面的能源表现直接并显著地受到最终需求的影响。并且，四个直辖市能源表现的空间差异也很明显。

表 8－3   中国直辖市分最终需求种类整体隐含能源
强度和隐含增加值合计（2012 年）

最终需求种类	C1－北京市		C2－天津市		C3－上海市		C4－重庆市	
	AEEI（吨标煤/万元）	隐含增加值（十亿元）	AEEI（吨标煤/万元）	隐含增加值（十亿元）	AEEI（吨标煤/万元）	隐含增加值（十亿元）	AEEI（吨标煤/万元）	隐含增加值（十亿元）
国内居民消费	0.2173	341	0.4060	233	0.3129	424	0.6075	297
国内政府消费	0.1939	285	0.3254	143	0.2412	160	0.2810	128
国内投资	0.2036	397	0.6042	750	0.4267	385	1.2913	589
出口	0.3184	403	0.5563	268	0.5917	632	0.7682	10
国内省外净流出	0.3393	725	2.3861	－69	0.2353	348	16.4888	－29
总计	0.2717	2151	0.4371	1325	0.4060	1948	0.5070	994

8.4.2 直辖市总能源消费空间差异的驱动因素

对于总能源消费，直辖市和全国平均区域 μ 的直接空间分解结果如表 8－4 所示。数值越小，意味着相对表现越好。结果中负值表示某效应产生的能源消费变化量低于全国平均水平，正值反之。根据式（8－9），将总能源消费的空间差异分解成 7 个驱动因素。将全部分最终需求种类效应加总得到总最终需求效应 ΔE_{ytot}。以能源强度效应为例，北京市表现最好，远超全国平均水平，其次是天津市，而重庆市和上海市急需通过提高能源效率来降低城市能源消费。

表 8－4   中国直辖市总能源消费直接空间分解结果（2012 年）

（单位：百万吨标煤）

效应	C1－北京市	C2－天津市	C3－上海市	C4－重庆市
$\Delta E_{int}^{(i-\mu)}$	－13.49	－12.83	16.97	18.27
$\Delta E_{dstr}^{(i-\mu)}$	－67.18	1.88	－69.38	33.79
$\Delta E_{dhc}^{(i-\mu)}$	－3.73	－9.80	0.78	－12.78
$\Delta E_{dgc}^{(i-\mu)}$	3.09	－1.07	－0.29	－3.98
$\Delta E_{dcf}^{(i-\mu)}$	－6.62	9.09	－6.62	－11.73
$\Delta E_{ex}^{(i-\mu)}$	7.75	－3.86	37.60	－29.94

续表

效应	C1 – 北京市	C2 – 天津市	C3 – 上海市	C4 – 重庆市
$\Delta E_{dnet}^{(i-\mu)}$	48.98	– 15.12	10.38	– 32.88
总计 – 1：$\Delta E_{ytot}^{(i-\mu)}$	49.47	– 20.76	41.86	– 91.31
总计 – 2：$\Delta E_{tot}^{(i-\mu)}$	– 31.20	– 31.72	– 10.55	– 39.24

　　根据表 8 – 4 的直接分解结果，图 8 – 3 显示了四个直辖市能源消费空间差异的间接分解结果。值得指出的是，基于 M – R 方法得出的结果具有循环性和可逆性，因此任意两个直辖市之间的间接分解结果具有稳定性。具体而言，总最终需求效应是扩大空间差异的主要因素，其中北京市和重庆市间的空间差异最大，达到 140.78 百万吨标煤。由于总最终需求的显著影响，重庆市的能源消费最低，上海市的能源消费最高。同时国内里昂惕夫结构效应起到相反作用，显著抵消了总最终需求效应，例如北京市和重庆市存在 100.98 百万吨标煤的空间差异。研究显示，与北京市相比，上海市和天津市建议分别通过提高能源效率和改善生产结构来实现节能目标。

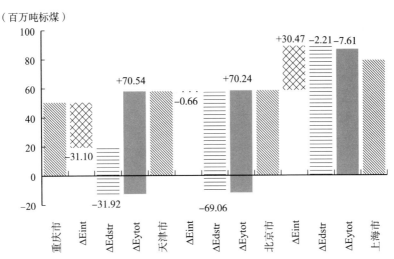

图 8 – 3　中国直辖市总能源消费间接空间分解结果（2012 年）

8.4.3　直辖市隐含能源消费空间差异的驱动因素

鉴于最终需求在城市能源消费中的重要作用，将加性空间 SDA 进一步应用于隐含能源消费空间差异的研究中，具体的直接分解结果见附录 B - 1。图 8 - 4 显示了四个直辖市按最终需求种类区分的隐含能源消费空间差异的间接分解结果。

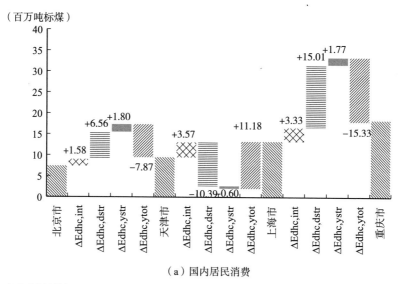

（a）国内居民消费

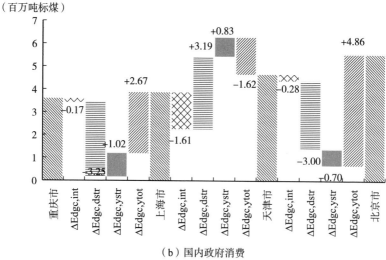

（b）国内政府消费

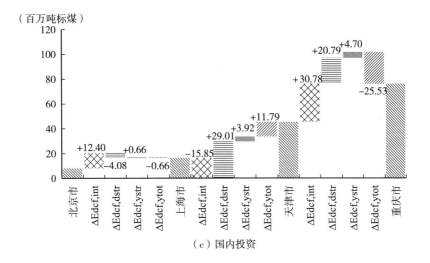

（c）国内投资

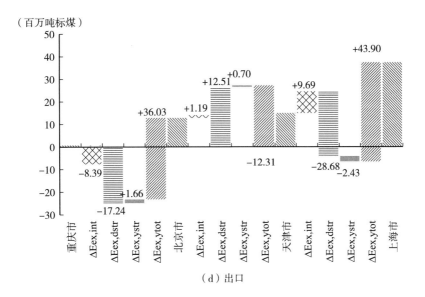

（d）出口

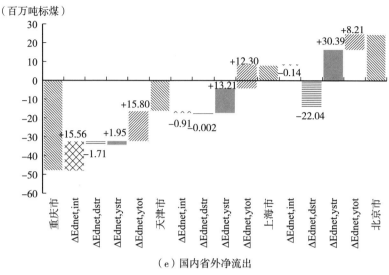

（e）国内省外净流出

图 8 - 4   中国直辖市隐含能源消费间接空间分解结果（2012 年）

对于国内居民消费，在两个显著但相反的效应作用下（即国内里昂惕夫结构效应和国内居民消费效应），城市间隐含能源消费的空间差异并不显著。其中，由于在城市生产结构和居民消费总量方面表现突出，北京市的隐含能耗最少，天津市和重庆市主要由于城市生产结构而产生了较多的能源消费，上海市则由于能源强度效应消耗了较多能源。

对于国内政府消费隐含能源消费，空间差异主要由国内里昂惕夫结构效应和国内政府消费效应所决定。较高的隐含能源消费主要取决于政府消费水平和结构因素，例如北京市和天津市。

国内投资隐含能源消费的城市间空间差异较大。尤其是对重庆市而言，国内里昂惕夫结构效应和能源强度效应显著影响其与其他城市间的空间差异。此外，天津市的投资效应表现低于全国平均水平，因此要重视投资的管理与调控。

对于国内省外净流出隐含能源消费，重庆市和天津市是能源净流入城市，而上海市和北京市是能源净流出城市。由于国内省外净流出的显著正效应，城市间的能源消费差距很明显。北京市和重庆市作为区域间贸易较为繁荣的两个城市，应该对国内省外净流出结构的调整给予足够重视。对于出口隐含能源消费，出口效应使得上海市的隐含能源消费远高于其他三个城市，尤其是重庆市。幸运的是，国内里昂惕夫结构效应在一定程度上缩小了这一差距。因此，为了减少隐含能源消费，有必要对上海市和北京市的出口总额进行控制。

8.4.4　直辖市总能源强度空间差异的驱动因素

四个直辖市整体隐含能源强度（AEI）的直接空间分解结果及排名如表 8 − 5 所示。数值越小，意味着能源表现越好，排名越高。数值小于 1，意味着能源表现优于全国平均水平，反之亦然。以表 8 − 5 最后一行结果为例，有三个直辖市的相对能源效率高于全国平均水平。按最终需求种类效应加总得到总最终需求效应 D_{ytot} 进行排名，排名结果会因不同效应结果差异而产生变化。

表 8 − 5　　中国直辖市总能源强度直接空间分解结果及排名（2012 年）

效应	C1 − 北京市		C2 − 天津市		C3 − 上海市		C4 − 重庆市	
	数值	排名	数值	排名	数值	排名	数值	排名
$D_{int}^{(i-\mu)}$	0.8343	1	0.8349	2	1.2100	3	1.2130	4
$D_{dstr}^{(i-\mu)}$	0.6451	1	1.0865	3	0.6838	2	1.2821	4
$D_{dhc}^{(i-\mu)}$	0.9806	1	1.0665	4	1.0091	2	1.0538	3
$D_{dgc}^{(i-\mu)}$	0.9832	1	1.0309	4	1.0034	2	1.0204	3
$D_{dcf}^{(i-\mu)}$	0.9432	1	1.0330	4	0.9434	2	0.9746	3
$D_{ex}^{(i-\mu)}$	1.0393	3	0.9945	2	1.1189	4	0.9454	1
$D_{dnet}^{(i-\mu)}$	1.0626	4	0.8488	2	0.9134	3	0.6545	1
总计 − 1：$D_{ytot}^{(i-\mu)}$	1.0043	4	0.9585	2	0.9762	3	0.6485	1
总计 − 2：$D_{tot}^{(i-\mu)}$	0.5405	1	0.8695	3	0.8077	2	1.0085	4

依据式（8 − 20），通过进一步定义能源效率表现指数（EnPI）来评价任意两个直辖市之间的相对能源表现。数值越小，尤其是小于 1，意味着能源表现越好，如表 8 − 6 所示。研究结果表明北京市的能源表现最好。

$$EnPI(C1, C2) = D_{int}^{(C1-C2)} = \frac{D_{int}^{(C1-\mu)}}{D_{int}^{(C2-\mu)}} \tag{8-20}$$

表 8 – 6　　　　　　　中国直辖市能源效率表现指数（EnPI）（2012 年）

号码 – 城市	C1 – 北京市	C2 – 天津市	C3 – 上海市	C4 – 重庆市
C1 – 北京	1.0000	0.9992	0.6895	0.6878
C2 – 天津	1.0008	1.0000	0.6900	0.6883
C3 – 上海	1.4503	1.4492	1.0000	0.9975
C4 – 重庆	1.4540	1.4529	1.0025	1.0000

将间接分解结果进行对数处理，直辖市间 AEI 空间差异的间接分解结果如图 8 – 5 所示。与加性分解结果相似，任意两个直辖市间的空间分解结果具有稳定性。总体而言，国内里昂惕夫结构效应是扩大 AEI 空间差异的主要驱动因素。北京市拥有最高的相对能源效率，应密切关注总最终需求效应，特别是国内省外净流出。上海市和天津市应分别关注能源强度效应和国内里昂惕夫结构效应，重庆则需要同时关注能源强度效应和国内里昂惕夫结构效应。

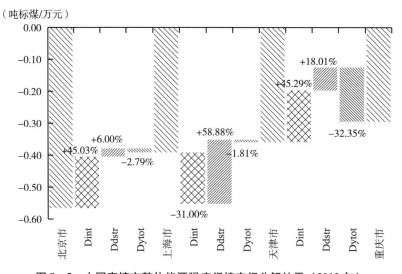

图 8 – 5　中国直辖市整体能源强度间接空间分解结果（2012 年）

8.4.5　直辖市隐含能源强度空间差异的驱动因素

鉴于最终需求的重要作用，进一步对隐含能源强度（AEEI）的空间差异进行空间乘性结构分解分析。直辖市 AEEI 的直接空间分解结果见表 B. 2。采用全国平均定义平均区域 μ，由于 $GDP^{\mu}_{dnet}=0$ 无法定义平均区域 μ 国内省外净流出 AEEI 指标，因此附录 B－2 中的结果不包括国内省外净流出。将分解结果取对数处理，分最终需求种类 AEEI 空间差异的间接分解结果如图 8－6 所示。由式（8－6）可知，8.4.4 节中 AEI 的分解结果与 AEEI 的分解结果存在加权和的关系。

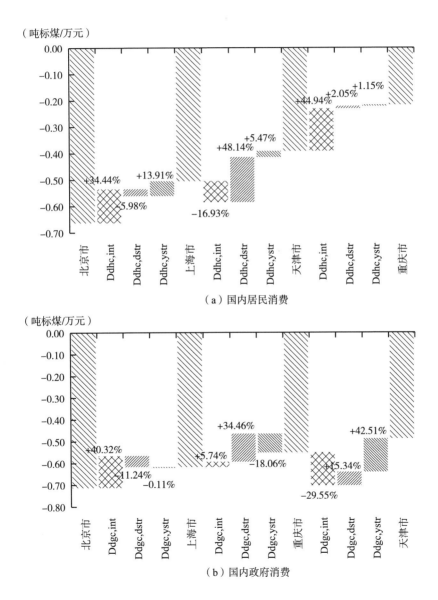

（a）国内居民消费

（b）国内政府消费

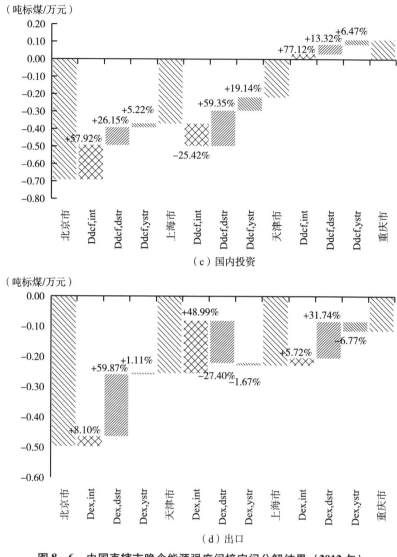

图 8－6　中国直辖市隐含能源强度间接空间分解结果（2012 年）

对于居民消费隐含能源强度，全部驱动因素都表现为对空间差异的扩大作用，尤其是能源强度效应。重庆市和天津市可以通过向借鉴北京市提高能源效率的先进经验，同时向上海市学习改善城市生产结构来提高本城市的隐含能源效率水平。

对于国内政府消费隐含能源强度，直辖市间空间差异相对比较小。能源强度效应（例如北京市和重庆市）和国内里昂惕夫结构效应（例如上海市和天津市）是产生隐含能源效率空间差异的主要因素。天津市应该重视对结构的调整，特别是对生产结构和政府消费结构的调整。

与其他最终需求种类相比，各直辖市间投资隐含能源效率的空间差异最为明显。全部影响因素对空间差异的扩大产生显著影响，尤其是能源强度效应和国内里昂惕夫结构效应。其中，重庆市与北京市差距较为明显，应该优先提高能源效率和改善生产结构。

对于出口隐含能源强度，各直辖市间空间差异显著受到能源强度效应和国内里昂惕夫结构效应的影响。上海市是重要的国际贸易中心，应该借鉴北京市的做法提高能源效率和改善出口结构。天津市作为另外一个重要的港口城市，应该要调整生产结构和出口。

8.5　结　　论

本章研究了 2012 年中国四个直辖市能源表现的空间差异。采用基于投入－产出模型的空间 SDA，从整体和最终需求种类两个层面系统进行了能源研究。在能源消费方面，总最终需求效应在直辖市间空间差异中发挥着重要作用，导致北京市和重庆市的能源消费差异达到 140.78 百万吨标煤。从最终需求的角度，特别关注国内投资（例如重庆市和北京市的隐含能耗差异达到 67.95 百万吨标煤）、出口（例如上海市和重庆市的隐含能耗差异达到 36.64 百万吨标煤）和国内省外净流出（例如北京市和重庆市的隐含能耗差异达到 72.62 百万吨标煤）隐含能源消费的空间差异。

根据能源强度的空间 SDA 分解结果，基于 EnPI 指标的研究结果更为满意。尽管上海市 AEI 指标（0.41 吨标煤/万元）低于天津市 AEI 指标（0.44 吨标煤/万元），但本书认为北京市的相对能源效率最高，然后依次是天津市、上海市和重庆市。各直辖市间 AEEI 指标的空间差异显著，特别是在国内投资和出口方面，这主要来源于能源强度效应和国内里昂惕夫结构效应。

受到研究结果的启发，在城市层面有如下政策建议：

（1）投资和出口隐含能源消费在城市能源消费总量中占比较大。为了实现节能，强烈建议通过调整最终需求结构的方式，合理增加居民庭消费和政府消费的比重，后两者 AEEI 指标表现较好。

（2）能源表现存在显著空间差异。从整体和最终需求种类两个层面都认为北京市的能源使用率最高。因此大力倡导区域合作，将北京市能源消费结构调整和产业结构升级调整等先进经验推广到其他的城市，尤其是推广到重庆市。

（3）不同城市间能源表现空间差异的驱动因素不同。这对充分考虑区域差异，制定相关能源政策具有重要意义。中国东部地区例如北京市、上海市和天津市，应该重视最终需求管理。中国西部地区例如重庆市，应努力调整区域生产结构。

（4）与短期内提高能源效率相比，更建议制定中长期政策深入挖掘城市层面的节能潜力，例如优化生产结构和最终需求结构。

一般来说，本章采用研究方法也可以从供给的角度基于高希投入－产出模型进行模型构建与应用，可以在部门层面和行业间关联层面进一步研究，这种方法也适用于其他城市对温室气体排放、水、垃圾等的环境分析。

第9章 结论与展望

9.1 研究工作总结

基于全球气候变暖这一事实，地区及行业层面的能源使用及其碳排放问题得到了学术界越来越多的关注。本书首先在研究方法层面对经济－能源－环境系统中的文章进行综述，总结不同方法的优缺点，为后续的研究中研究方法的选择提供理论基础。

本书分别基于乘法结构分解分析、归因分析以及 I-O 敏感性分析方法，深入讨论中国能源消费和碳排放强度的影响因素，锁定对中国节能减排工作产生重要影响的关键部门、生产关系以及分配关系。主要研究结论如下。

（1）2002～2012 年，中国总碳排放强度水平呈现先上升后一直下降的趋势，2012 年二氧化碳排放强度较 2002 年水平相比降低 28% 左右。其中，能源强度效应是导致 2005～2012 年二氧化碳排放强度下降的主要因素。排放系数效应虽然影响程度不大但一直是抑制因素，这主要得益于发电技术的改进；相反，能源结构效应则导致二氧化碳排放强度轻微增加。需求视角下的生产结构效应表现不稳定，出现反调现象；国内最终需求结构效应有降低排放强度的趋势，从 2002～2007 年的正向效应逐渐转变为 2007～2012 年的负向效应。相比之下，供给视角下的分配结构效应在 2002～2010 年都使得碳排放强度增加，直至 2012 年才有相对较低的负向效应；m-v 比率效应在 2002～2005 年有正向效应，但在 2005～2012 年变成了负向效应；类似于生产结构效应，增加值结构效应也表现出反调现象。综合来看，中国碳排放强度的下降根本源于能源强度的下降，各种结构效应的根本改善是中国碳排放强度水平持续降低的主要潜力所在。

对能源强度效应进行归因分析发现，各部门能源强度效应的波动主要来自农业和第二产业，第三产业表现稳定。对国内生产结构效应进行归因分析发现，金属冶炼及压延加工业、交通运输仓储及邮政业、非金属矿物制品业、化学工业国内生产结构变化对国家总碳排放强度变化的贡献尤其突出（由大到小排序）。国内生产结构变化是重要的促进因素，结合中国三产的具体行业划分，以及该效应的归因分析结果，本书认为应对农林牧渔业及相关服务业、金属冶炼及压延加工业、交通运输仓储及邮政业国内生产结构进行深入研究，以挖掘国家总碳排放强度降低的潜力。

（2）本书利用I-O敏感性分析方法，在深入讨论中国碳排放强度的影响因素的基础上，锁定对中国节能减排工作产生重要影响的关键部门、生产关系以及分配关系。基于I-O敏感性分析方法对关键行业生产技术及定量配给变化的环境影响进行量化分析。考虑国内最终需求的影响，从需求的角度出发，发现食品制造及烟草加工业消耗农林牧渔业及相关服务业提供中间产品的国内生产技术对农林牧渔及相关服务业碳排放强度变化影响最大，金属冶炼及压延加工业以及交通运输仓储及邮政业消耗自供给国内中间产品的国内生产技术分别对各自行业碳排放强度变化影响最大。在剔除国内最终需求影响后，最重要的生产关系结果没有变化，但影响的程度值有所改变。

考虑部门增加值影响，从供应的角度出发，食品制造及烟草加工业对农林牧渔业及相关服务业的定量配给变化对农林牧渔及相关服务业行业碳排放强度变化影响最大。同时，金属冶炼及压延加工业以及交通运输仓储及邮政业对本行业所需国内中间产品定量配给变化分别对各自行业碳排放强度变化影响最大。在剔除部门增加值影响后，最关键供给关系相应的变化为化学工业对农林牧渔及相关服务业行业的定量配给变化、金属冶炼及压延加工业对本行业所需国内中间产品定量配给变化、石油加工炼焦及核燃料加工业对交通运输仓储及邮政业行业定量配给变化。

综合上述研究结果，本书在6.4.3节中分别给出总影响决定下和国内技术及分配影响决定下对降低中国总碳排放强度起到关键作用的产业联系相关网络图，并以此为依据进行有针对性的政策建议。

（3）在对中国"十二五"时期国家层面的能源使用的研究中发现，中国能源消费总体上保持增长趋势，整体能源强度呈现持续下降趋势。从行业角度来看，主要的能源消费行业是建筑业、机械和设备制造业、化学工业和食品、饮料和烟草工业。驱动总能源消费变化的因素，除了能源强度效应之外，所有效应驱动的能源消费都有所增长，而能源强度效应则降低了能源消费。在最终需求类别中，能源消费主要的驱动因素是投资效应和居民消费效应。驱动中国整体能源强度变化的因素中，能源强度效应是主要的抑制因素，其他效应的影响相对较小。在最终需求类别中，投资效应对整体能源强度的拉动效应最为显著，其次是出口效应，相反，居民消费效应的抑制效应显著。

本书在 7.4.5 节中将研究结果与前期研究做了对比，并进行了讨论。根据研究结果与讨论，于 7.5 节从多方面提出了政策建议。

（4）对中国四个直辖市能源表现的空间差异进行分析发现，2012 年上海市的能源消费最高，其次是北京市、天津市和重庆市。根据 AEI 的结果，北京市的能源效率最高，其次是上海市、天津市、重庆市。初步发现，国内净流出和国内投资显著影响城市能源表现，但出口对上海市至关重要。

能源消费的空间差异非常显著，特别是国内投资、出口和国内净流出方面。总最终需求效应发挥着巨大的正向作用，它对区域能源消费产生了持续的影响。从最终需求角度看，国内投资仍然至关重要，特别是对于城市生产技术和结构的更新。此外，在北京市和重庆市等城市层面上，区域间贸易被证实对节能越来越重要。

利用乘性 SDA 和 EnPI 的结果可以测量出相对能源效率，排名从高到低依次是北京市、天津市、上海市和重庆市。显然，这与之前大多数采用 AEI 指标的文献结论不同。相反，基于空间 SDA 的结果是更合理的。在各直辖市中，北京市的经济增长和能源消费存在强解耦现象，被证实相对能源效率最佳。从最终需求角度看，提倡采取适当的投资政策来提高发展中区域的能源效率。

9.2 研究展望

本书第 4 章和第 5 章基于单区域投入-产出模型，在国家层面上采用了乘法 SDA 和归因分析来研究排放强度问题。就适用范围而言，这两种方法的组合也可适用于水、废物、污染物和其他环境强度指标，以及新近提出的整体隐含强度指标。就方法论发展而言，所提出的方法组合可以应用于扩展 I-O 模型、多区域 I-O 模型和空间 SDA 框架。由于缺乏中国连续年度的投入-产出表数据，采用基于链分析的 SDA 研究很少。就结果稳定性而言，迫切需要估算中国中间年份的投入-产出表，以便在未来的研究中采用 SDA 进行链分解。

相应地，本书第 6 章的敏感性分析方法同样基于单区域 I-O 模型进行。若能在多区域投入－产出模型的框架下发展新的敏感性分析方法，研究不同区域间不同行业生产技术以及定量配给变化对研究对象的环境指标影响，也许会得到更加丰富且有意思的研究结果。在非竞争型进口假设下借助多区域间贸易数据，在 I-O 框架下考察贸易因素影响的敏感性，也是在经济愈加开放的背景下顺应经济－环境现实的研究内容。本书采用的 I-O 敏感性分析方法虽然在一定程度上打破了传统投入－产出模型的基本假设的束缚，即允许某一生产技术系数或分配技术系数有微小变化，但若能在模型构建层面解决多系数变化问题，且考虑多系数变化的交互影响，将会得到更加丰富的研究结果。

本书第 7 章研究了国家层面的能源利用，考虑数据可得性，所采用的研究框架还可以用来检验中国在任一个五年计划期间的能源表现和成就。基于 I-O 的 SDA 方法也可应用于区域层面的能源与环境分析。目前，在 SDA 框架下，最终需求类别的乘性效应无法在行业层面进行归因。对于进一步的研究，相关模型的发展是 SDA 方法论发展和应用的重点。

本书第 8 章基于投入－产出模型的空间 SDA 方法从最终需求角度量化、分解影响空间差异的因素。在能源表现评价方面，首选基于空间 SDA 的分解结果，其优点是排除了生产结构和最终需求的影响。总的来说，第 9 章得到的结果是丰富稳定且一致的，通过了循环检验。未来可以对方法论进行进一步改进，例如对时间－空间 SDA 技术发展和数据可获得性的改进，在城市层面投入－产出表上有望完成更完整的能源研究。值得注意的是，投入－产出系数存在一些不确定性，这在本书中没有讨论。为了便于今后研究，相关的不确定性分析可以关注蒙特卡罗法确定系数不确定范围。

附录 A 中国能源表现变化的归因分析结果

（百万吨标煤）

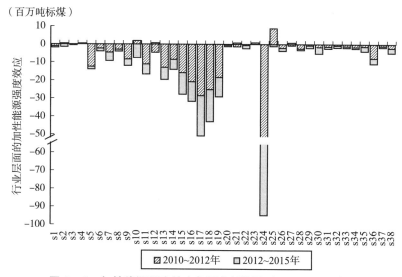

图 A-1 加性能源强度效应归因分析结果（2010~2015 年）

（百万吨标煤）

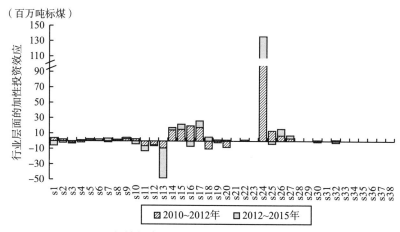

图 A-2 加性投资效应归因分析结果（2010~2015 年）

（百万吨标煤）

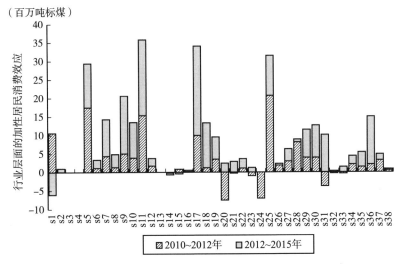

图 A－3　加性居民消费效应归因分析结果（2010～2015 年）

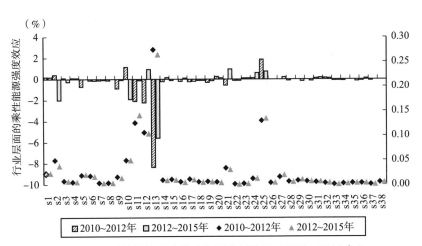

图 A－4　乘性能源强度效应归因分析结果（2010～2015 年）

附录 B 直辖市间能源表现空间差异的直接空间结构分解分析结果

表 B-1 中国直辖市隐含能源消费直接空间分解结果（2012 年）

最终需求种类	编码 – 城市	$\Delta E_{*,tot}^{(i-\mu)}$	$\Delta E_{*,int}^{(i-\mu)}$	$\Delta E_{*,dstr}^{(i-\mu)}$	$\Delta E_{*,ystr}^{(i-\mu)}$	$\Delta E_{*,ytot}^{(i-\mu)}$
国内居民消费	C1 – 北京市	− 11.60	− 0.57	− 7.30	− 0.58	− 3.15
	C2 – 天津市	− 9.53	1.01	− 0.74	1.22	− 11.02
	C3 – 上海市	− 5.76	4.58	− 11.12	0.62	0.16
	C4 – 重庆市	− 0.98	7.91	3.89	2.39	− 15.16
国内政府消费	C1 – 北京市	− 0.22	− 0.38	− 2.93	0.10	2.98
	C2 – 天津市	− 1.09	− 0.09	0.07	0.80	− 1.87
	C3 – 上海市	− 1.89	1.51	− 3.11	− 0.03	− 0.26
	C4 – 重庆市	− 2.16	1.68	0.14	− 1.05	− 2.93
国内投资	C1 – 北京市	− 34.57	− 9.96	− 17.99	− 3.28	− 3.34
	C2 – 天津市	2.63	− 13.40	6.94	1.30	7.79
	C3 – 上海市	− 26.25	2.44	− 22.07	− 2.62	− 4.00
	C4 – 重庆市	33.38	17.38	27.73	6.01	− 17.74
出口	C1 – 北京市	− 9.41	− 4.38	− 12.78	− 0.69	8.44
	C2 – 天津市	− 7.32	− 3.19	− 0.26	0.01	− 3.88
	C3 – 上海市	15.17	6.50	− 28.94	− 2.42	40.02
	C4 – 重庆市	− 21.47	4.01	4.46	− 2.35	− 27.59
国内省外净流出	C1 – 北京市	24.60	1.80	− 26.17	36.68	12.30
	C2 – 天津市	− 16.41	2.85	− 4.13	− 6.92	− 8.20
	C3 – 上海市	8.19	1.94	− 4.14	6.29	4.09
	C4 – 重庆市	− 48.01	− 12.71	− 2.43	− 8.87	− 24.01

表 B – 2　　中国直辖市隐含能源强度直接空间分解结果（2012 年）

最终需求种类	编码 – 城市	$D_{*,tot}^{(i-\mu)}$	$D_{*,int}^{(i-\mu)}$	$D_{*,dstr}^{(i-\mu)}$	$D_{*,ystr}^{(i-\mu)}$
国内居民消费	C1 – 北京市	0.6451	0.9330	0.7535	0.9176
	C2 – 天津市	1.2055	1.0420	1.0495	1.1024
	C3 – 上海市	0.9211	1.3162	0.6936	1.0090
	C4 – 重庆市	1.0731	1.3918	0.9326	0.8268
国内政府消费	C1 – 北京市	0.7403	0.9380	0.7814	1.0101
	C2 – 天津市	1.2427	0.9805	1.0756	1.1782
	C3 – 上海市	0.9211	1.3162	0.6936	1.0090
	C4 – 重庆市	1.0731	1.3918	0.9326	0.8268
国内投资	C1 – 北京市	0.3082	0.6481	0.5894	0.8069
	C2 – 天津市	0.9148	0.7633	1.1848	1.0116
	C3 – 上海市	0.6461	1.0234	0.7435	0.8491
	C4 – 重庆市	1.9550	1.3520	1.3426	1.0771
出口	C1 – 北京市	0.5063	0.7760	0.6456	1.0105
	C2 – 天津市	0.8846	0.8838	1.0321	1.0217
	C3 – 上海市	0.9408	1.2497	0.7493	1.0047
	C4 – 重庆市	1.2215	1.3211	0.9871	0.9367

参 考 文 献

[1] 国家发展改革委，国家能源局．能源发展"十三五"规划［R］．中央政府门户网站，2017.1.17．

[2] 国家发展改革委．国家新型城镇化规划（2014－2020年）［R］．中央政府门户网站，2014.3.16．

[3] 国家统计局．中华人民共和国2010年国民经济和社会发展统计公报［R］．中央政府门户网站，2011.2.28．

[4] 国家统计局城市社会经济调查司．中国价格统计年鉴（2013年）［M］．北京：中国统计出版社，2013．

[5] 国家统计局能源统计司．中国能源统计年鉴（2006－2013年）［M］．北京：中国统计出版社，2006－2013．

[6] 国务院．能源发展"十二五"规划［R］．中央政府门户网站，2013.1.23．

[7] 梁玲．从BP能源统计数据看世界能源消费趋势［J］．世界石油工业，2019（3）：5－11．

[8] 欧阳浩，戎陆庆，王智文等．广东省农林牧渔业与其他产业的关联效应分析［J］．中国农业资源与区划，2015，36（1）：96－101．

[9] 秦大河．气候变化科学与人类可持续发展［J］．地理科学进展，2014（7）：874－883．

[10] 张志强，曾静静，曲建升．世界主要国家碳排放强度历史变化趋势及相关关系研究［J］．地理科学发展，2011，26（8）：859－869．

[11] 中国国家统计局．中国统计年鉴（2014年）［M］．北京：中国统计出版社，2014．

[12] 中国国家统计局．中国投入－产出表（2002－2012年）［M］．北京：中国统计出版社，2006－2015．

［13］Acquaye A, Feng K, Oppon E et al. Measuring the environmental sustainability performance of global supply chains: A multi-regional input-output analysis for carbon, sulphur oxide and water footprints [J]. Journal of Environmental Management, 2017, 187: 571 – 585.

［14］Alcántara V, Duarte R. Comparison of energy intensities in European Union countries. Results of a structural decomposition analysis [J]. Energy Policy, 2004, 32 (2): 177 – 189.

［15］Alcántara V, Padilla E. Input-output subsystems and pollution: An application to the service sector and CO_2 emissions in Spain [J]. Ecological Economics, 2009, 68 (3): 905 – 914.

［16］Alcántara V, Tarancón M A, del Río P. Assessing the technological responsibility of productive structures in electricity consumption [J]. Energy Economics, 2013, 40: 457 – 467.

［17］Andrés L, Padilla E. Energy intensity in road freight transport of heavy goods vehicles in Spain [J]. Energy Policy, 2015, 85: 309 – 321.

［18］Ang B W, Choi K H. Decomposition of aggregate energy and gas emission intensities for industry: A refined Divisia index method [J]. The Energy Journal, 1997, 18 (3): 59 – 73.

［19］Ang B W, Huang H C, Mu A R. Properties and linkages of some index decomposition analysis methods [J]. Energy Policy, 2009, 37 (11): 4624 – 4632.

［20］Ang B W, Liu F L, Chung H S. A generalized Fisher index approach to energy decomposition analysis [J]. Energy Economics, 2004, 26 (5): 757 – 763.

［21］Ang B W, Su B, Wang H. A spatial-temporal decomposition approach to performance assessment in energy and emissions [J]. Energy Economics, 2016, 60: 112 – 121.

［22］Ang B W, Xu X Y, Su B. Multi-country comparisons of energy performance: The index decomposition analysis approach [J]. Energy Economics, 2015, 47: 68 – 76.

［23］Ang B W, Zhang F Q. Inter-regional comparisons of energy-related CO_2 emissions using the decomposition technique [J]. Energy, 1999, 24 (4): 297 – 305.

［24］Ang B W. LMDI decomposition approach: A guide for implementation

[J]. Energy Policy, 2015, 86: 233 – 238.

[25] Arabi B, Munisamy S, Emrouznejad A et al. Power industry restructuring and eco-efficiency changes: A new slacks-based model in Malmquist-Luenberger Index measurement [J]. Energy Policy, 2014, 68: 132 – 145.

[26] Arce G, López L A, Guan D. Carbon emissions embodied in international trade: The post-China era [J]. Applied Energy, 2016, 184: 1063 – 1072.

[27] Bahrami S, Amini M H, Shafie-khah M et al. A decentralized electricity market scheme enabling demand response deployment [J]. IEEE Transactions on Power Systems, 2017, 33 (4): 4218 – 4227.

[28] Barak S, Sadegh S S. Forecasting energy consumption using ensemble ARIMA-ANFIS hybrid algorithm [J]. International Journal of Electrical Power & Energy Systems, 2016, 82: 92 – 104.

[29] Begum R A, Sohag K, Abdullah S M S et al. CO_2 emissions, energy consumption, economic and population growth in Malaysia [J]. Renewable and Sustainable Energy Reviews, 2015, 41: 594 – 601.

[30] Bejarano M D, Sordo-Ward A, Gabriel-Martin I et al. Tradeoff between economic and environmental costs and benefits of hydropower production at run-of-river-diversion schemes under different environmental flows scenarios [J]. Journal of Hydrology, 2019, 572: 790 – 804.

[31] Bon R, Bing X. Comparative stability analysis of demand-side and supply-side input-output models in the UK [J]. Applied Economics, 1993, 25 (1): 75 – 79.

[32] Brizga J, Feng K, Hubacek K. Household carbon footprints in the Baltic States: A global multi-regional input-output analysis from 1995 to 2011 [J]. Applied Energy, 2017, 189: 780 – 788.

[33] Cabral J A, Legey L F L, de Freitas Cabral M V. Electricity consumption forecasting in Brazil: A spatial econometrics approach [J]. Energy, 2017, 126: 124 – 131.

[34] Cai Y, Arora V. Disaggregating electricity generation technologies in CGE models: A revised technology bundle approach with an application to the U. S. Clean Power Plan [J]. Applied Energy, 2015, 154: 543 – 555.

[35] Cao Y, Zhao Y, Wang H et al. Driving forces of national and regional

carbon intensity changes in China: Temporal and spatial multiplicative structural decomposition analysis [J]. Journal of Cleaner Production, 2019, 213: 1380 – 1410.

[36] Cellura M, Longo S, Mistretta M. Application of the structural decomposition analysis to assess the indirect energy consumption and air emission changes related to Italian households consumption [J]. Renewable and Sustainable Energy Reviews, 2012, 16 (2): 1135 – 1145.

[37] Cellura M, Longo S, Mistretta M. The energy and environmental impacts of Italian households consumptions: An input-output approach [J]. Renewable and Sustainable Energy Reviews, 2011, 15 (8): 3897 – 3908.

[38] Chandran Govindaraju V G R, Tang C F. The dynamic links between CO_2 emissions, economic growth and coal consumption in China and India [J]. Applied Energy, 2013, 104: 310 – 318.

[39] Chang N. Changing industrial structure to reduce carbon dioxide emissions: A Chinese application [J]. Journal of Cleaner Production, 2015, 103: 40 – 48.

[40] Chang Y F, Lewis C, Lin S J. Comprehensive evaluation of industrial CO_2 emission (1989 – 2004) in Taiwan by input-output structural decomposition [J]. Energy Policy, 2008, 36 (7): 2471 – 2480.

[41] Chen G Q, Zhang B. Greenhouse gas emissions in China 2007: Inventory and input-output analysis [J]. Energy Policy, 2010, 38 (10): 6180 – 6193.

[42] Chen G, Hadjikakou M, Wiedmann T. Urban carbon transformations: Unravelling spatial and inter-sectoral linkages for key city industries based on multi-region input-output analysis [J]. Journal of Cleaner Production, 2017, 163: 224 – 240.

[43] Chen L, Yang Z. A spatio-temporal decomposition analysis of energy-related CO_2 emission growth in China [J]. Journal of Cleaner Production, 2015, 103: 49 – 60.

[44] Chen S, Chen B. Urban energy consumption: Different insights from energy flow analysis, input-output analysis and ecological network analysis [J]. Applied Energy, 2015, 138: 99 – 107.

[45] Chen W, Wu S, Lei Y et al. Interprovincial transfer of embodied energy between the Jing-Jin-Ji area and other provinces in China: A quantification using interprovincial input-output model [J]. Science of the Total Environment, 2017,

584 - 585；990 - 1003.

［46］ Chen W, Xu D, Liu J. The forest resources input-output model：An application in China ［J］. Ecological Indicators, 2015, 51：87 - 97.

［47］ Choi K H, Ang B W. Attribution of changes in Divisia real energy intensity index-An extension to index decomposition analysis ［J］. Energy Economics, 2012, 34 （1）：171 - 176.

［48］ Choi K H, Oh W. Extended Divisia index decomposition of changes in energy intensity：A case of Korean manufacturing industry ［J］. Energy Policy, 2014, 65：275 - 283.

［49］ Chong C, Ma L, Li Z et al. Logarithmic mean Divisia index （LMDI） decomposition of coal consumption in China based on the energy allocation diagram of coal flows ［J］. Energy, 2015, 85：366 - 378.

［50］ Cortés-Borda D, Guillén-Gosálbez G, Jiménez L. Assessment of nuclear energy embodied in international trade following a world multi-regional input-output approach ［J］. Energy, 2015, 91：91 - 101.

［51］ Cortés-Borda D, Guillén-Gosálbez G, Jiménez L. Solar energy embodied in international trade of goods and services：A multi-regional input-output approach ［J］. Energy, 2015, 82：578 - 588.

［52］ Cortés-Borda D, Ruiz-Hernández A, Guillén-Gosálbez G et al. Identifying strategies for mitigating the global warming impact of the EU-25 economy using a multi-objective input-output approach ［J］. Energy Policy, 2015, 77：21 - 30.

［53］ Cui L, Peng P, Zhu L. Embodied energy, export policy adjustment and China's sustainable development：A multi-regional input-output analysis ［J］. Energy, 2015, 82：457 - 467.

［54］ Dai H, Masui T, Matsuoka Y et al. Assessment of China's climate commitment and non-fossil energy plan towards 2020 using hybrid AIM/CGE model ［J］. Energy Policy, 2011, 39 （5）：2875 - 2887.

［55］ Dai Y, Gao H O. Energy consumption in China's logistics industry：A decomposition analysis using the LMDI approach ［J］. Transportation Research Part D：Transport and Environment, 2016, 46：69 - 80.

［56］ Dantzig G B. Programming of interdependent activities：II mathematical model ［J］. Econometrica, 1949, 17 （3 - 4）：200 - 211.

［57］Davidsdottir B, Fisher M. The odd couple: The relationship between state economic performance and carbon emissions economic intensity ［J］. Energy Policy, 2011, 39 (8): 4551 - 4562.

［58］de Carvalho A L, Henggeler Antunes C, Freire F et al. A hybrid input-output multi-objective model to assess economic-energy-environment trade-offs in Brazil ［J］. Energy, 2015, 82: 769 - 785.

［59］Deng G, Ding Y, Ren S. The study on the air pollutants embodied in goods for consumption and trade in China-Accounting and structural decomposition analysis ［J］. Journal of Cleaner Production, 2016, 135: 332 - 341.

［60］Deng M, Li W, Hu Y. Decomposing industrial energy-related CO_2 emissions in Yunnan province, China: Switching to low-carbon economic growth ［J］. Energies, 2016, 9 (1): 23.

［61］Dietzenbacher E, Hoen A R, Los B. Labor productivity in Western Europe 1975 - 1985: An intercountry, interindustry analysis ［J］. Journal of Regional Science, 2000, 40 (3): 425 - 452.

［62］Dietzenbacher E, Los B. Structural decomposition techniques: Sense and sensitivity ［J］. Economic Systems Research, 1998, 10 (4): 307 - 323.

［63］Dietzenbacher E. In vindication of the Ghosh model: A reinterpretation as a price model ［J］. Journal of Regional Science, 1997, 37 (4): 629 - 651.

［64］Diggle P J, Liang K Y, Zeger S L. Analysis of Longitudinal Data ［M］. Oxford: Clarendon Press, 1999: 253.

［65］Ding Q, Cai W, Wang C et al. The relationships between household consumption activities and energy consumption in China-An input-output analysis from the lifestyle perspective ［J］. Applied Energy, 2017, 207: 520 - 532.

［66］Dong Y, Ishikawa M, Liu X et al. An analysis of the driving forces of CO_2 emissions embodied in Japan-China trade ［J］. Energy Policy, 2010, 38 (11): 6784 - 6792.

［67］Du K, Lin B. Understanding the rapid growth of China's energy consumption: A comprehensive decomposition framework ［J］. Energy, 2015, 90: 570 - 577.

［68］Duarte R, Mainar A, Sánchez-Chóliz J. The role of consumption patterns, demand and technological factors on the recent evolution of CO_2 emissions in a group of advanced economies ［J］. Ecological Economics, 2013, 96: 1 - 13.

[69] Fan Y, Wu S, Lu Y et al. An approach of measuring environmental protection in Chinese industries: A study using input-output model analysis [J]. Journal of Cleaner Production, 2016, 137: 1479 – 1490.

[70] Fan Y, Xia Y. Exploring energy consumption and demand in China [J]. Energy, 2012, 40 (1): 23 – 30.

[71] Feng K, Hubacek K, Sun L et al. Consumption-based CO_2 accounting of China's megacities: The case of Beijing, Tianjin, Shanghai and Chongqing [J]. Ecological Indicators, 2014, 47: 26 – 31.

[72] Fernández González P, Landajo M, Presno M J. Multilevel LMDI decomposition of changes in aggregate energy consumption. A cross country analysis in the EU-27 [J]. Energy Policy, 2014, 68: 576 – 584.

[73] Fernández González P, Landajo M, Presno M J. Tracking European Union CO_2 emissions through LMDI (logarithmic-mean Divisia index) decomposition. The activity revaluation approach [J]. Energy, 2014, 73: 741 – 750.

[74] Fernández González P. Exploring energy efficiency in several European countries. An attribution analysis of the Divisia structural change index [J]. Applied Energy, 2015, 137: 364 – 374.

[75] Ferreira Neto A B, Perobelli F S, Bastos S Q A. Comparing energy use structures: An input-output decomposition of large economies [J]. Energy Economics, 2014, 43: 102 – 113.

[76] Garrett-Peltier H. Green versus brown: Comparing the employment impacts of energy efficiency, renewable energy, and fossil fuels using an input-output model [J]. Economic Modelling, 2017, 61: 439 – 447.

[77] Ghosh A. Input-output approach in an allocation system [J]. Economica, 1958, 25 (97): 58 – 64.

[78] Golzarpoor H, González V, Shahbazpour M et al. An input-output simulation model for assessing production and environmental waste in construction [J]. Journal of Cleaner Production, 2017, 143: 1094 – 1104.

[79] Gowdy J M, Miller J L. Technological and demand change in energy use: An input-output analysis [J]. Environment and Planning A: Economy and Space, 1987, 19 (10): 1387 – 1398.

[80] Greening L A, Greene D L, Difiglio C. Energy efficiency and consump-

tion-the rebound effect-a survey [J]. Energy Policy, 2000, 28 (6−7): 389−401.

[81] Guan D, Peters G P, Weber C L et al. Journey to world top emitter: An analysis of the driving forces of China's recent CO_2 emissions surge [J]. Geophysical Research Letters, 2009, 36 (4), L04709.

[82] Hansen J, Ruedy R, Sato M et al. A closer look at United States and global surface temperature change [J]. Journal of Geophysical Research: Atmospheres, 2001, 106 (D20): 23947−23963.

[83] Hao H, Liu Z, Zhao F et al. Natural gas as vehicle fuel in China: A review [J]. Renewable and Sustainable Energy Reviews, 2016, 62: 521−533.

[84] Harris S, Weinzettel J, Bigan A et al. Low carbon cities in 2050? GHG emissions of European cities using production-based and consumption-based emission accounting methods [J]. Journal of Cleaner Production, 2020, 248: 119206.

[85] Hasegawa R. Regional comparisons and decomposition analysis of CO_2 emissions in Japan [J]. Journal of Integrative Environmental Science, 2006, 19 (4): 277−289.

[86] He H, Reynolds C J, Li L et al. Assessing net energy consumption of Australian economy from 2004−05 to 2014−15: Environmentally-extended input-output analysis, structural decomposition analysis, and linkage analysis [J]. Applied Energy, 2019, 240: 766−777.

[87] He P, Ng T S, Su B. Energy import resilience with input-output linear programming models [J]. Energy Economics, 2015, 50: 215−226.

[88] Henriques C O, Coelho D H, Cassidy N L. Employment impact assessment of renewable energy targets for electricity generation by 2020-An IO LCA approach [J]. Sustainable Cities and Society, 2016, 26: 519−530.

[89] Henriques C O, Henggeler Antunes C. Interactions of economic growth, energy consumption and the environment in the context of the crisis-A study with uncertain data [J]. Energy, 2012, 48 (1): 415−422.

[90] Heringa P W, van der Heide C M, Heijman W J M. The economic impact of multifunctional agriculture in Dutch regions: An input-output model [J]. NJAS: Wageningen Journal of Life Sciences, 2013, 64−65 (1): 59−66.

[91] Hienuki S, Kudoh Y, Hondo H. Life cycle employment effect of geothermal power generation using an extended input-output model: The case of Japan [J].

Journal of Cleaner Production, 2015, 93: 203 - 212.

[92] Hoekstra R, van den Bergh J C J M. Comparing structural decomposition analysis and index [J]. Energy Economics, 2003, 25 (1): 39 - 64.

[93] Hondo H, Sakai S, Tanno S. Sensitivity analysis of total CO_2 emission intensities estimated using an input-output table [J]. Applied Energy, 2002, 72 (3 - 4): 689 - 704.

[94] Hong J, Shen G Q, Guo S et al. Energy use embodied in China's construction industry: A multi-regional input-output analysis [J]. Renewable and Sustainable Energy Reviews, 2016, 53: 1303 - 1312.

[95] Hong J, Zhang X, Shen Q et al. A multi-regional based hybrid method for assessing life cycle energy use of buildings: A case study [J]. Journal of Cleaner Production, 2017, 148: 760 - 772.

[96] Hristu-Varsakelis D, Karagianni S, Pempetzoglou M et al. Optimizing production with energy and GHG emission constraints in Greece: An input-output analysis [J]. Energy Policy, 2010, 38 (3): 1566 - 1577.

[97] Huang J, Du D, Tao Q. An analysis of technological factors and energy intensity in China [J]. Energy Policy, 2017, 109: 1 - 9.

[98] Hubacek K, Sun L. A scenario analysis of China's land use and land over change: Incorporating biophysical information into input-output modeling [J]. Structural Change and Economic Dynamics, 2001, 12 (4): 367 - 397.

[99] IEA. Key World Energy Statistics [M]. Paris: International Energy Agency, 2017.

[100] IPCC. Climate Change 2001: The Scientific Basis. Third Assessment Report of Intergovernmental Panel on Climate Change [M]. Cambridge: Cambridge University Press, 2001.

[101] Jones T H, Thompson I J, Lawton J H· et al. Impact of rising atmospheric carbon dioxide on model terrestrial ecosystems [J]. Science, 1998, 280 (5454): 441 - 443.

[102] Kais S, Sami H. An econometric study of the impact of economic growth and energy use on carbon emissions: Panel data evidence from fifty eight countries [J]. Renewable and Sustainable Energy Reviews, 2016, 59: 1101 - 1110.

[103] Kang J, Zhao T, Liu N et al. A multi-sectoral decomposition analysis of

city-level greenhouse gas emissions：Case study of Tianjin, China ［J］. Energy, 2014, 68：562 - 571.

［104］ Karkacier O, Goktolga Z G. Input-output analysis of energy use in agriculture ［J］. Energy Conversion and Management, 2005, 46 (9 - 10)：1513 - 1521.

［105］ Karl Y, Chen Z. Government expenditure and energy intensity in China ［J］. Energy Policy, 2010, 38 (2)：691 - 694.

［106］ Kim J, Heo E. Sources of structural change in energy use：A decomposition analysis for Korea ［J］. Energy Sources, Part B：Economics, Planning, and Policy, 2016, 11 (4)：309 - 313.

［107］ Kim Y G, Yoo J, Oh W. Driving forces of rapid CO_2 emissions growth：A case of Korea ［J］. Energy Policy, 2015, 82：144 - 155.

［108］ Kuculvar M, Cansev B, Egilmez G et al. Energy-climate-manufacturing nexus：New insights from the regional and global supply chains of manufacturing industries ［J］. Applied Energy, 2016, 184：889 - 904.

［109］ Kunanuntakij K, Varabuntoonvit V, Vorayos N et al. Thailand Green GDP assessment based on environmentally extended input-output model ［J］. Journal of Cleaner Production, 2017, 167：970 - 977.

［110］ Kuriqi A, Pinheiro A N, Sordo-Ward A et al. Influence of hydrologically based environmental flow methods on flow alteration and energy production in a run-of-river hydropower plant ［J］. Journal of Cleaner Production, 2019, 232：1028 - 1042.

［111］ Lam K L, Kenway S J, Lane J L et al. Energy intensity and embodied energy flow in Australia：An input-output analysis ［J］. Journal of Cleaner Production, 2019, 226：357 - 368.

［112］ Lambert R J, Silva P P. The challenges of determining the employment effects of renewable energy ［J］. Renewable and Sustainable Energy Reviews, 2012, 16 (7)：4667 - 4674.

［113］ Lan J, Malik A, Lenzen M et al. A structural decomposition analysis of global energy footprints ［J］. Applied Energy, 2016, 163：436 - 451.

［114］ Lee M K, Yoo S H. The role of transportation sectors in the Korean national economy：An input-output analysis ［J］. Transportation Research Part A：Policy and Practice, 2016, 93：13 - 22.

[115] Lenzen M. Structural analyses of energy use and carbon emissions-an overview [J]. Economic Systems Research, 2016, 28 (2): 119 – 132.

[116] Leontief W. Environmental repercussions and the economic structure: An input-output approach [J]. The Review of Economics and Statistics, 1970, 52 (3): 262 – 271.

[117] Leontief W. Quantitative input and output relations in the economic systems of the United States [J]. The Review of Economics and Statistics, 1936, 18: 105 – 125.

[118] Leurent F, Windisch E. Benefits and costs of electric vehicles for the public finances: An integrated valuation model based on input-output analysis, with application to France [J]. Research in Transportation Economics, 2015, 50: 51 – 62.

[119] Levitus S, Antonov J I, Boyer T P et al. Warming of the world ocean [J]. Science, 2000, 287 (5461): 2225 – 2229.

[120] Li H, Zhao Y, Qiao X et al. Identifying the driving forces of national and regional CO_2 emissions in China: Based on temporal and spatial decomposition analysis models [J]. Energy Economics, 2017, 68: 522 – 538.

[121] Li K, Jiang Z. The impacts of removing energy subsidies on economy-wide rebound effects in China: An input-output analysis [J]. Energy Policy, 2016, 98: 62 – 72.

[122] Li K, Lin B. Heterogeneity in rebound effects: Estimated results and impact of China's fossil-fuel subsides [J]. Applied Energy, 2015, 149: 148 – 160.

[123] Li X, Xu H. The energy-conservation and emission-reduction paths of industrial sectors: Evidence from Chinas 35 industrial sectors [J]. Energy Economics, 2020, 86: 104628.

[124] Li Y, Zhang Y, Zhao X et al. The influence of US and China's CO_2 transfer embodied in final consumption on Global emission [J]. Energy Procedia, 2018, 152: 835 – 840.

[125] Liang S, Wang H, Shen Q et al. Socioeconomic drivers of greenhouse gas emissions in the United States [J]. Environmental Science & Technology, 2016, 50 (14): 7535 – 7545.

[126] Liang Z, Tian Z, Sun L et al. Heat wave, electricity rationing, and

trade-offs between environmental gains and economic losses: The example of Shanghai [J]. Applied Energy, 2016, 184: 951 –959.

[127] Lim H J, Yoo S H, Kwak S J. Industrial CO_2 emissions from energy use in Korea: A structural decomposition analysis [J]. Energy Policy, 2009, 37 (2): 686 –698.

[128] Lin B, Wang M. Possibilities of decoupling for China's energy consumption from economic growth: A temporal-spatial analysis [J]. Energy, 2019, 185: 951 –960.

[129] Lin B, Xie X. CO_2 emissions of China's food industry: An input-output approach [J]. Journal of Cleaner Production, 2016, 112: 1410 –1421.

[130] Liobikienė G, Butkus M, Bernatonienė J. Drivers of greenhouse gas emissions in the Baltic states: Decomposition analysis related to the implementation of Europe 2020 strategy [J]. Renewable and Sustainable Energy Reviews, 2016, 54: 309 –317.

[131] Liu H T, Guo J E, Qian D et al. Comprehensive evaluation of household indirect energy consumption and impacts of alternative energy policies in China by input-output analysis [J]. Energy Policy, 2009, 37 (8): 3194 –3204.

[132] Liu H, Liu W, Fan X et al. Carbon emissions embodied in demand-supply chains in China [J]. Energy Economics, 2015, 50: 294 –305.

[133] Liu H, Wang C, Tian M et al. Analysis of regional difference decomposition of changes in energy consumption in China during 1995 –2015 [J]. Energy, 2019, 171: 1139 –1149.

[134] Liu H, Xi Y, Guo J et al. Energy embodied in the international trade of China: An energy input-output analysis [J]. Energy Policy, 2010, 38 (8): 3957 –3964.

[135] Liu Q, Wang Q. Reexamine SO_2 emissions embodied in China's exports using multiregional input-output analysis [J]. Ecological Economics, 2015, 113: 39 –50.

[136] Liu W, Li H. Improving energy consumption structure: A comprehensive assessment of fossil energy subsidies reform in China [J]. Energy Policy, 2011, 39 (7): 4134 –4143.

[137] Liu X, Wang C. Quantitative analysis of CO_2 embodiment in internation-

al trade: An overview of emerging literatures [J]. Frontiers of Environmental Science & Engineering in China, 2009, 3 (1): 12 – 19.

[138] Liu Y, Chen S, Chen B et al. Analysis of CO_2 emissions embodied in China's bilateral trade: A non-competitive import input-output approach [J]. Journal of Cleaner Production, 2017, 163: S410 – S419.

[139] Liu Y, Hu X, Feng K. Economic and environmental implications of raising China's emission standard for thermal power plants: An environmentally extended CGE analysis [J]. Resources, Conservation and Recycling, 2017, 121: 64 – 72.

[140] Liu Z, Liang S, Geng Y et al. Features, trajectories and driving forces for energy-related GHG emissions from Chinese mega cites: The case of Beijing, Tianjin, Shanghai and Chongqing [J]. Energy, 2012, 37 (1): 245 – 254.

[141] Liu Z, Zhao T. Contribution of price/expenditure factors of residential energy consumption in China from 1993 to 2011: A decomposition analysis [J]. Energy Conversion and Management, 2015, 98: 401 – 410.

[142] Llop M. Changes in energy output in a regional economy: A structural decomposition analysis [J]. Energy, 2017, 128: 145 – 151.

[143] Lu Y. China's electrical equipment manufacturing in the global value chain: A GVC income analysis based on World Input-Output Database (WIOD) [J]. International Review of Economics & Finance, 2017, 52: 289 – 301.

[144] Lutter S, Pfister S, Giljum S et al. Spatially explicit assessment of water embodied in European trade: A product-level multi-regional input-output analysis [J]. Global Environmental Change, 2016, 38: 171 – 182.

[145] Ma C. A multi-fuel, multi-sector and multi-region approach to index decomposition: An application to China's energy consumption 1995 – 2010 [J]. Energy Economics, 2014, 42: 9 – 16.

[146] Martín-Gamboa M, Iribarren D, García-Gusano D et al. A review of life-cycle approaches coupled with data envelopment analysis within multi-criteria decision analysis for sustainability assessment of energy systems [J]. Journal of Cleaner Production, 2017, 150: 164 – 174.

[147] Meng W, Xu L, Hu B et al. Quantifying direct and indirect carbon dioxide emissions of the Chinese tourism industry [J]. Journal of Cleaner Production, 2016, 126: 586 – 594.

［148］Miller R E，Blair P D. Input-Output Analysis：Foundations and Extensions［M］. New York：Cambridge University Press，2009.

［149］Minx J C，Baiocchi G，Peters G P et al. A "carbonizing dragon"：China's fast growing CO_2 emissions revisited［J］. Environmental Science & Technology，2011，45（21）：9144 – 9153.

［150］Mohlin K，Camuzeaux J R，Muller A et al. Factoring in the forgotten role of renewables in CO_2 emission trends using decomposition analysis［J］. Energy Policy，2018，116：290 – 296.

［151］MØller N F. Energy demand，substitution and environmental taxation：An econometric analysis of eight subsectors of the Danish economy［J］. Energy Economics，2017，61：97 – 109.

［152］NBSC. China Input-Output Tables 2010 – 2018［M］. Beijing：China Statistics Press，2014 – 2018.

［153］NBSC. China Input-Output Tables 2012［M］. Beijing：China Statistics Press，2015.

［154］NBSC. China Statistical Yearbook 2015 – 2016［M］. Beijing：China Statistics Press，2015 – 2016.

［155］NBSC. Chinese Regional Input-Output Tables 2012［M］. Beijing：China Statistics Press，2016.

［156］NBSC. Energy Statistical Yearbook 2012［M］. Beijing：China Statistics Press，2013.

［157］Nie H，Kemp R. Why did energy intensity fluctuate during 2000 – 2009？A combination of index decomposition analysis and structural decomposition analysis［J］. Energy for Sustainable Development，2013，17（5）：482 – 488.

［158］Okushima S，Tamura M. Identifying the sources of energy use change：Multiple calibration decomposition analysis and structural decomposition analysis［J］. Structural Change and Economic Dynamics，2011，22（4）：313 – 326.

［159］Perobelli F S，Faria W R，de Almeida Vale V. The increase in Brazilian household income and its impact on CO_2 emissions：Evidence for 2003 and 2009 from input-output tables［J］. Energy Economics，2015，52：228 – 239.

［160］Pollack H，Huang S，Shen P Y. Climate change revealed by subsurface temperatures：A global perspective［J］. Science，1998，282（5455）：279 – 291.

[161] Proops J, Faber M, Wagenhals G. Reducing CO₂ Emissions: A Comprehensive Input-Output-Study for Germany and the UK [M]. Berlin: Springer-Verlag, 1993.

[162] Rocco M V, Lucchio A D, Colombo E. Exergy life cycle assessment of electricity production from waste-to-energy technology: A hybrid input-output approach [J]. Applied Energy, 2017, 194: 832 – 844.

[163] Román R, Cansino J M, Rueda-Cantuche J M. A multi-regional input-output analysis of ozone precursor emissions embodied in Spanish international trade [J]. Journal of Cleaner Production, 2016, 137: 1382 – 1392.

[164] Román-Collado R, Colinet M J. Is energy efficiency a driver or an inhibitor of energy consumption changes in Spain? Two decomposition approaches [J]. Energy Policy, 2018, 115: 409 – 417.

[165] Román-Collado R, Morales-Carrión A V. Towards a sustainable growth in Latin America: A multiregional spatial decomposition analysis of the driving forces behind CO₂ emissions changes [J]. Energy Policy, 2018, 115: 273 – 280.

[166] Román-Collado R, Ordoñez M, Mundaca L. Has electricity turned green or black in Chile? A structural decomposition analysis of energy consumption [J]. Energy, 2018, 162: 282 – 298.

[167] Rose A, Casler S. Input-output structural decomposition analysis: A critical appraisal [J]. Economic Systems Research, 1996, 8 (1): 33 – 62.

[168] San Cristóbal J R, Biezma M V. The mining industry in the European Union: Analysis of inter-industry linkages using input-output analysis [J]. Resources Policy, 2006, 31 (1): 1 – 6.

[169] San Cristóbal J R. A goal programming model for environmental policy analysis: Application to Spain [J]. Energy Policy, 2012, 43: 303 – 307.

[170] Shan Y, Liu J, Liu Z et al. New provincial CO₂ emission inventories in China based on apparent energy consumption data and updated emission factors [J]. Applied Energy, 2016, 184: 742 – 750.

[171] Sheinbaum C, Ozawa L, Castillo D. Using logarithmic mean Divisia index to analysis changes in energy use and carbon dioxide emissions in Mexico's iron and steel industry [J]. Energy Economics, 2010, 32 (6): 1337 – 1344.

[172] Song J, Yang W, Higano Y et al. Dynamic integrated assessment of

bioenergy technologies for energy production utilizing agricultural residues: An input-output approach [J]. Applied Energy, 2015, 158: 178 – 189.

[173] Song J, Yang W, Li Z et al. Discovering the energy, economic and environmental potentials of urban wastes: An input-output model for a metropolis case [J]. Energy Conversion and Management, 2016, 114: 168 – 179.

[174] Su B, Ang B W, Li Y. Input-output and structural decomposition analysis of Singapore's carbon emissions [J]. Energy Policy, 2017, 105: 484 – 492.

[175] Su B, Ang B W, Li Y. Structural path and decomposition analysis of aggregate embodied energy and emission intensities [J]. Energy Economics, 2019, 83: 345 – 360.

[176] Su B, Ang B W. Attribution of changes in the generalized Fisher index with application to embodied emission studies [J]. Energy, 2014, 69: 778 – 786.

[177] Su B, Ang B W. Input-output analysis of CO_2 emissions embodied in trade: A multi-region model for China [J]. Applied Energy, 2014, 114: 377 – 384.

[178] Su B, Ang B W. Input-output analysis of CO_2 emissions embodied in trade: Competitive versus non-competitive imports [J]. Energy Policy, 2013, 56: 83 – 87.

[179] Su B, Ang B W. Multiplicative decomposition of aggregate carbon intensity change using input-output analysis [J]. Applied Energy, 2015, 154: 13 – 20.

[180] Su B, Ang B W. Multiplicative structural decomposition analysis of aggregate embodied energy and emission intensities [J]. Energy Economics, 2017, 65: 137 – 147.

[181] Su B, Ang B W. Multi-region comparisons of emission performance: The structural decomposition analysis approach [J]. Ecological Indicators, 2016, 67: 78 – 87.

[182] Su B, Ang B W. Structural decomposition analysis applied to energy and emissions: Some methodological developments [J]. Energy Economics, 2012, 34 (1): 177 – 188.

[183] Su B, Ang B W. Structural decomposition analysis applied to energy and emissions: Aggregation issues [J]. Economic Systems Research, 2012, 24 (3): 299 – 317.

[184] Su B, Huang H C, Ang B W et al. Input-output analysis of CO_2 emis-

sions embodied in trade: The effects of sector aggregation [J]. Energy Economics, 2010, 32 (1): 166 – 175.

[185] Sueyoshi T, Yuan Y, Goto M. A literature study for DEA applied to energy and environment [J]. Energy Economics, 2017, 62: 104 – 124.

[186] Sun J, Li G, Wang Z. Optimizing China's energy consumption structure under energy and carbon constraints [J]. Structural Change and Economic Dynamics, 2018, 47: 57 – 72.

[187] Sun X, Li J, Qiao H et al. Energy implications of China's regional development: New insights from multi-regional input-output analysis [J]. Applied Energy, 2017, 196: 118 – 131.

[188] Supasa T, Hsiau S S, Lin S M et al. Has energy conservation been an effective policy for Thailand? An input-output structural decomposition analysis from 1995 to 2010 [J]. Energy Policy, 2016, 98: 210 – 220.

[189] Tang M, Hong J, Liu G et al. Exploring energy flows embodied in China's economy from the regional and sectoral perspectives via combination of multi-regional input-output analysis and a complex network approach [J]. Energy, 2019, 170: 1191 – 1201.

[190] Tarancón M A, del Río P, Callejas Albiñana F. Assessing the influence of manufacturing sectors on electricity demand. A cross-country input-output approach [J]. Energy Policy, 2010, 38 (4): 1900 – 1908.

[191] Tarancón M á, del Río P, Callejas F. Determining the responsibility of manufacturing sectors regarding electricity consumption. The Spanish case [J]. Energy, 2011, 36 (1): 46 – 52.

[192] Tarancón M á, del Río P. CO_2 emissions and intersectoral linkages. The case of Spain [J]. Energy Policy, 2007, 35 (2): 1100 – 1116.

[193] Tarancón Morán M á, del Río P, Albiñana F C. Tracking the genealogy of CO_2 emissions in the electricity sector: An intersectoral approach applied to the Spanish case [J]. Energy Policy, 2008, 36 (6): 1915 – 1926.

[194] Tong L, Wang L, Ding R et al. Study on the dynamic input-output model with coal mine safety [J]. Procedia Engineering, 2011, 26: 1997 – 2002.

[195] Vause J, Gao L, Shi L et al. Production and consumption accounting of CO_2 emissions for Xiamen, China [J]. Energy Policy, 2013, 60: 697 – 704.

［196］Wachsmann U, Wood R, Lenzen M et al. Structural decomposition of energy use in Brazil from 1970 to 1996 ［J］. Applied Energy, 2009, 86 (4): 578－587.

［197］Wan L, Wang C, Cai W. Impacts on water consumption of power sector in major emitting economics under INDC and longer term mitigation scenarios: An input-output based hybrid approach ［J］. Applied Energy, 2016, 184: 26－39.

［198］Wang F, Liu B, Zhang B. Embodied environmental damage in interregional trade: A MRIO based assessment within China ［J］. Journal of Cleaner Production, 2017, 140: 1236－1246.

［199］Wang H, Ang B W, Su B. A multi-region structural decomposition analysis of global CO_2 emission intensity ［J］. Ecological Economics, 2017, 142: 163－176.

［200］Wang H, Ang B W, Su B. Assessing drivers of economy-wide energy use and emissions: IDA versus SDA ［J］. Energy Policy, 2017, 107: 585－599.

［201］Wang H, Ang B W, Su B. Multiplicative structural decomposition analysis of energy and emission intensities: Some methodological issues ［J］. Energy, 2017, 123: 47－63.

［202］Wang P, Wu W, Zhu B et al. Examining the impact factors of energy-related CO_2 emissions using the STIRPAT model in Guangdong Province, China ［J］. Applied Energy, 2013, 106: 65－71.

［203］Wang Q, Kwan M P, Fan J et al. A study on the spatial distribution of the renewable energy industries in China and their driving factors ［J］. Renewable Energy, 2019, 139: 161－175.

［204］Wang Q, Wang Y, Zhou P et al. Whole process decomposition of energy-related SO_2 in Jiangsu Province, China ［J］. Applied Energy, 2017, 194: 679－687.

［205］Wang S, Zhou C, Li G et al. CO_2, economic growth, and energy consumption in China's provinces: Investigating the spatiotemporal and econometric characteristics of China's CO_2 emissions ［J］. Ecological Indicators, 2016, 69: 184－195.

［206］Wang W, Mu H, Kang X et al. Changes in industrial electricity consumption in China from 1998 to 2007 ［J］. Energy Policy, 2010, 38 (7): 3684－

3690.

［207］Wang X, Huang K, Yu Y et al. An input-output structural decomposition analysis of changes in sectoral water footprint in China［J］. Ecological Indicators, 2016, 69: 26 –34.

［208］Wang Z, Liu W, Yin J. Driving forces of indirect carbon emissions from household consumption in China: An input-output decomposition analysis［J］. Natural Hazards, 2015, 75（2）: 257 –272.

［209］Wang Z, Su B, Xie R et al. China's aggregate embodied CO_2 emission intensity from 2007 to 2012: A multi-region multiplicative structural decomposition analysis［J］. Energy Economics, 2020, 85: 104568.

［210］Wang Z, Yang Y, Wang B. Carbon footprints and embodied CO_2 transfers among provinces in China［J］. Renewable and Sustainable Energy Reviews, 2018, 82: 1068 –1078.

［211］Wang Z, Yang Y. Features and influencing factors of carbon emissions indicators in the perspective of residential consumption: Evidence from Beijing, China［J］. Ecological Indicators, 2016, 61: 634 –645.

［212］Weber C L. Measuring structural change and energy use: Decomposition of the US economy from 1997 to 2002［J］. Energy Policy, 2009, 37（4）: 1561 –1570.

［213］Wei J, Huang K, Yang S et al. Driving forces analysis of energy-related carbon dioxide（CO_2）emissions in Beijing: An input-output structural decomposition analysis［J］. Journal of Cleaner Production, 2017, 163: 58 –68.

［214］Wood R, Lenzen M. Structural path decomposition［J］. Energy Economics, 2009, 31（3）: 335 –341.

［215］Wood R. Structural decomposition analysis of Australia's greenhouse gas emissions［J］. Energy Policy, 2009, 37（11）: 4943 –4948.

［216］Wu F, Huang N, Zhang Q et al. Multi-province comparison and typology of China's CO_2 emission: A spatial-temporal decomposition approach［J］. Energy, 2020, 190.

［217］Wu J, Wu Y, Cheong S T et al. Distribution dynamics of energy intensity in Chinese cities［J］. Applied Energy, 2018, 211: 875 –889.

［218］Wu X D, Guo J L, Meng J et al. Energy use by globalized economy:

Total-consumption-based perspective via multi-region input-output accounting ［J］. Science of the Total Environment, 2019, 662: 65 – 76.

［219］Wu Y, Zhang W. The driving factors behind coal demand in China from 1997 to 2012: An empirical study of input-output structural decomposition analysis ［J］. Energy Policy, 2016, 95: 126 – 134.

［220］Xia X H, Chen B, Wu X D et al. Coal use for world economy: Provision and transfer network by multi-region input-output analysis ［J］. Journal of Cleaner Production, 2017, 143: 125 – 144.

［221］Xia X H, Hu Y, Alsaedi A et al. Structural decomposition analysis for energy-related GHG emission in Beijing: Urban metabolism and hierarchical structure ［J］. Ecological Informatics, 2015, 26: 60 – 69.

［222］Xia Y, Fan Y, Yang C. Assessing the impact of foreign content in China's exports on the carbon outsourcing hypothesis ［J］. Applied Energy, 2015, 150: 296 – 307.

［223］Xie S C. The driving forces of China's energy use from 1992 to 2010: An empirical study of input-output and structural decomposition analysis ［J］. Energy Policy, 2014, 73: 401 – 415.

［224］Xu J H, Fletier T, Eichhammer W et al. Energy consumption and CO_2 emissions in China's cement industry: A perspective from LMDI decomposition analysis ［J］. Energy Policy, 2012, 50: 821 – 832.

［225］Xu S C, He Z X, Long R Y. Factors that influence carbon emissions due to energy consumption in China: Decomposition analysis using LMDI ［J］. Applied Energy, 2014, 127: 182 – 193.

［226］Xu X Y, Ang B W. Index decomposition analysis applied to CO_2 emission studies ［J］. Ecological Economics, 2013, 93: 313 – 329.

［227］Yahoo M, Othman J. Employing a CGE model in analysing the environmental and economy-wide impacts of CO_2 emission abatement policies in Malaysia ［J］. Science of the Total Environment, 2017, 584: 234 – 243.

［228］Yan J, Su B, Liu Y. Multiplicative structural decomposition and attribution analysis of carbon emission intensity in China, 2002 – 2012 ［J］. Journal of Cleaner Production, 2018, 198: 195 – 207.

［229］Yan J, Su B. Spatial differences in energy performance among four municipalities of China: From both the aggregate and final demand perspectives [J]. Energy, 2020, 204.

[230] Yan J, Su B. What drive the changes in China's energy consumption and intensity during 12th Five-Year Plan period? [J]. Energy Policy, 2020, 140.

[231] Yan J, Zhao T, Kang J. Sensitivity analysis of technology and supply change for CO_2 emission intensity of energy-intensive industries based on input-output model [J]. Applied Energy, 2016, 171: 456 –467.

[232] Yang L, Lahr M L. Sources of Chinese labor productivity growth: A structural decomposition analysis, 1987 – 2005 [J]. China Economic Review, 2010, 21 (4): 557 –570.

[233] Yang S, Shi L. Prediction of long-term energy consumption trends under the New National Urbanization Plan in China [J]. Journal of Cleaner Production, 2017, 166: 1144 –1153.

[234] Yang X, Su B. Impacts of international export on global and regional carbon intensity [J]. Applied Energy, 2019, 253.

[235] Yu Y, Liang S, Zhou W et al. A two-tiered attribution structural decomposition analysis to reveal drivers at both sub-regional and sectoral levels: A case study of energy consumption in the Jing-Jin-Ji region [J]. Journal of Cleaner Production, 2019, 213: 165 –175.

[236] Yu Y, Wen Z. Evaluating China's urban environmental sustainability with Data Envelopment Analysis [J]. Ecological Economics, 2010, 69 (9): 1748 –1755.

[237] Zeng L, Xu M, Liang S et al. Revisiting drivers of energy intensity in China during 1997 –2007: A structural decomposition analysis [J]. Energy Policy, 2014, 67: 640 –647.

[238] Zhan J, Liu W, Wu F et al. Life cycle energy consumption and greenhouse gas emissions of urban residential buildings in Guangzhou city [J]. Journal of Cleaner Production, 2018, 194: 318 –326.

[239] Zhang B, Chen Z M, Qiao H et al. China's non-CO_2 greenhouse gas emissions: Inventory and input-output analysis [J]. Ecological Informatics, 2015, 26: 101 –110.

[240] Zhang B, Qiao H, Chen B. Embodied energy uses by China's four

municipalities：A study based on multi-regional input-output model ［J］. Ecological Modelling，2015，318：138 – 149.

［241］Zhang B，Qiao H，Chen Z M et al. Growth in embodied energy transfers via China's domestic trade：Evidence from multi-regional input-output analysis ［J］. Applied Energy，2016，184：1093 – 1105.

［242］Zhang H，Lahr M L. China's energy consumption change from 1987 to 2007：A multi-regional structural decomposition analysis ［J］. Energy Policy，2014，67：682 – 693.

［243］Zhang N，Zhou M. The inequality of city-level energy efficiency for China ［J］. Journal of Environmental Management，2020，255.

［244］Zhang X，Wang F. Hybrid input-output analysis for life-cycle energy consumption and carbon emissions of China's building sector ［J］. Building and Environment，2016，104：188 – 197.

［245］Zhang Y J，Bian X J，Tan W et al. The indirect energy consumption and CO_2 emission caused by household consumption in China：An analysis based on the input-output method ［J］. Journal of Cleaner Production，2017，163：69 – 83.

［246］Zhang Y. Supply-side structural effect on carbon emissions in China ［J］. Energy Economics，2010，32（1）：186 – 193.

［247］Zhang Z，Zhao Y，Su B et al. Embodied carbon in China's foreign trade：An online SCI-E and SSCI based literature review ［J］. Renewable and Sustainable Energy Reviews，2017，68：492 – 510.

［248］Zhao N，Xu L，Malik A et al. Inter-provincial trade driving energy consumption in China ［J］. Resources，Conservation and Recycling，2018，134：329 – 335.

［249］Zhao X，Zhang Y，Li Y. The spillovers of foreign direct investment and the convergence of energy intensity ［J］. Journal of Cleaner Production，2019，206：611 – 621.

［250］Zhao Y，Onat N C，Kucukvar M et al. Carbon and energy footprints of electric delivery trucks：A hybrid multi-regional input-output life cycle assessment ［J］. Transportation Research Part D：Transport and Environment，2016，47：195 – 207.

［251］Zhong S. Structural decompositions of energy consumption between 1995 and 2009: Evidence from WIOD [J]. Energy Policy, 2018, 122: 655 – 667.

[252] Zhong Z, He L, Wang Z. Geographic sources and the structural decomposition of emissions embodied in trade by Chinese megacities: The case of Beijing, Tianjin, Shanghai, and Chongqing [J]. Journal of Cleaner Production, 2017, 158: 59 – 72.

[253] Zhou S, Wang Y, Yuan Z et al. Peak energy consumption and CO_2 emissions in China's industrial sector [J]. Energy Strategy Reviews, 2018, 20: 113 – 123.

[254] Zhou X, Zhou D, Wang Q et al. Who shapes China's carbon intensity and how? A demand-side decomposition analysis [J]. Energy Economics, 2020, 85: 104600.

[255] Zhou X, Zhou D, Wang Q. How does information and communication technology affect China's energy intensity? A three-tier structural decomposition analysis [J]. Energy, 2018, 151: 748 – 759.

[256] Zhu B, Su B, Li Y. Input-output and structural decomposition analysis of India's carbon emissions and intensity, 2007/08 – 2013/14 [J]. Applied Energy, 2018, 230: 1545 – 1556.

[257] Zhu Q, Peng X, Wu K. Calculation and decomposition of indirect carbon emissions from residential consumption in China based on the input-output model [J]. Energy Policy, 2012, 48: 618 – 626.